GAY HARDCORE 15

Der Praktikant

Dirk Schiller

BrunoBooks

Gay Hardcore 15

Salzgeber Buchverlage GmbH
Prinzessinnenstraße 29, 10969 Berlin
buch@salzgeber.de

Umschlagabbildung: © hothouse.com
Falcon Studios Group (Model: Hunter Smith)
Hintergrundbild: shutterstock.com / Pablo Scapinachis
Printed in Germany

ISBN 978-3-95985-390-3

Die in diesem Buch geschilderten Handlungen sind fiktiv.

Im verantwortungsbewussten sexuellen Umgang miteinander gelten nach wie vor die Safer-Sex-Regeln.

Zum Einzug eingelocht

Es gibt genau eine einzige Sache, die ich mit den ganzen Rechtspopulisten in Europa gemeinsam habe: Ich hasse Brüssel, und zwar schon seit ich denken kann.

Ein Jahr vor meiner Geburt wurde mein Vater zum ersten Mal ins Europaparlament gewählt. Zehn Jahre später machte man ihn zum Vorsitzenden seiner Fraktion, und nach noch mal fünf Jahren haben sie ihn tatsächlich zum Präsidenten des gesamten bescheuerten Parlaments gewählt. Schon als kleines Kind, als ich noch gar keine Vorstellung davon hatte, was genau Brüssel überhaupt war, wo es lag und was es dort ständig so wahnsinnig Wichtiges zu tun gab, überkam mich jedes Mal eine Welle aus Wut und Hass, wenn ich dieses Wort nur hörte. Denn ich hatte immerhin schon verstanden, dass es diese Stadt war, die dafür sorgte, dass mein geliebter Vater uns schon nach zwei Tagen wieder verlassen musste, wenn er endlich mal zu uns nach Hause gekommen war. Und je älter ich wurde, umso seltener war er da. Weil er immer wichtiger wurde in dieser seltsamen Parallelwelt namens Europa, die deshalb offenbar immer dringender auf ihn angewiesen war. Bis er irgendwann gar nicht mehr nach Hause kam, weil er eines Nachts auf dem Weg zu uns nach Hause starb. Weil die EU zwar genügend Kohle zu haben scheint, um noch im hintersten Bulgarien neue Straßen zu bauen. Aber das Geld dafür offenbar bei der Wartung ihrer eigenen Dienstwagenflotte wieder einspart. Und das werde ich Brüssel nie verzeihen.

Jetzt in diesem Moment musste ich fast schon wieder lächeln, aber nicht auf die fröhliche, sondern auf die bittere Art. Denn obwohl ich mir schon vor Jahren geschworen hatte, nie auch nur einen Fuß in diese verdammte Stadt zu setzen, hatte ich vor einer Stunde genau das getan. Schlimmer noch, ich stand in der alten Wohnung meines Vaters, und ich musste nur einen Blick aus den großen Altbaufenstern werfen, um in nicht allzu weiter Ferne das potthässliche Gebäude des europäischen Parlaments zu sehen, das mich höhnisch anzugrinsen schien. Schnell drehte ich mich weg und betrat das Arbeitszimmer meines Vaters, was sich aber ebenfalls sofort als dumme Idee herausstellte. Denn zur Wut in meinem Inneren kam jetzt auch noch eine Traurigkeit dazu, die so heftig war, dass ich mich erst mal auf den nächstbesten Stuhl setzen musste. Seit fast genau sechs Monaten war mein Vater jetzt tot. Und es kam mir plötzlich vor, als hätte ich erst gestern davon erfahren.

»Komm nach Brüssel, wenn du mit der Schule fertig bist, Maxi«, hatte er immer gesagt. »Du hast das Zeug zu einem großen Politiker. Du kannst hier an der Uni studieren, und ich zeig dir alles andere, was du wissen musst.«

Die Vorstellung, nah bei meinem Vater zu wohnen,

hatte ich schön gefunden. Doch mir war klar gewesen, dass ich ihn trotzdem kaum zu Gesicht bekommen hätte. Schließlich hatte er ja fast immer bis spät in die Nacht gearbeitet – oder er reiste auf dem ganzen Kontinent hin und her. Auch deshalb hatte ich mich geweigert, sein Angebot anzunehmen. Deshalb und weil ich es einfach nicht über mich bringen konnte, ausgerechnet in die Stadt zu ziehen, die ich seit meiner frühesten Kindheit so sehr hasste. Doch was machte der gemeine Hund? Vererbte ausgerechnet mir seine Wohnung hier, mitsamt allem, was sich darin befand. Wobei er sich wahrscheinlich nicht hätte träumen lassen, dass dieser Erbfall so früh eintreten würde. Ich zumindest hätte es nicht gedacht.

Und jetzt saß ich hier, an seinem großen Schreibtisch aus massivem, dunklem Holz, der einem Parlamentspräsidenten absolut angemessen ist. Oder war. Und ich fragte mich, warum zum Teufel ich hier war. Keiner hatte verstanden, dass ausgerechnet ich mich kurz nach Papas Tod für ein Praktikum beim europäischen Parlament beworben hatte, meine Freunde nicht und Mama erst recht nicht. Ist ja auch logisch, so sehr, wie ich immer auf diesen verdammten Laden geschimpft hatte. Aber außer mir kannte auch niemand den wahren Grund für meinen Umzug. Weil ich niemandem davon erzählen konnte, dass …

»Wir sind dann so weit fertig«, unterbrach eine raue Stimme meine Gedanken.

Ich drehte mich erschrocken zur Zimmertür um, wo der dunkelhäutige der beiden Möbelpacker stand, die meine Sachen aus dem Sprinter geladen hatten, mit dem ich an diesem Morgen in München losgefahren war. So viel Zeug hatte ich eigentlich gar nicht mitgebracht, weshalb ich theoretisch auch alles alleine hätte hochtragen können. Doch weil ich neben der Wohnung auch noch etwas Geld von meinem Vater geerbt hatte, und vor allem, weil es draußen schon seit Wochen weit über dreißig Grad waren, hatte ich mich dazu entschlossen, das Angebot des Haus-Concierges anzunehmen. Der schien ganz versessen darauf gewesen zu sein, mir seinen Neffen und einen von dessen Kumpels als Umzugshilfen anzudrehen, als ich vor ein paar Tagen telefonisch mein Kommen angekündigt hatte. Und ich hatte mir gedacht, dass es für mein Verhältnis zu ihm sicher von Nutzen wäre, wenn ich auf dieses Angebot eingehen würde.

»Äh, okay, ist gut«, antwortete ich schnell auf Französisch, weil ich merkte, dass der Kerl mich schon mit einer ziemlich unverschämten Mischung aus Neugier und Belustigung anstarrte, wie ich da verloren an diesem riesigen Schreibtisch saß. »Wie viel hatten wir noch mal ausgemacht?« Ich wollte aufstehen und meinen Geldbeutel holen, doch er bedeutete mir mit einer lässigen Handbewegung, dass ich erst mal noch sitzen bleiben konnte.

»Hundert«, sagte er. »Aber wir machen das natürlich auf Rechnung. Sind ja keine Schwarzarbeiter.«

»Klar, nein, hätte ich auch nicht gedacht«, erwiderte ich und lächelte unsicher. Es war mir ein bisschen peinlich, dass ich keine Ahnung hatte, wie man solche Dinge regelt. Aber woher sollte ich das auch wissen? Ich war ja gerade erst seit ein paar Wochen mit der Schule fertig. Und da bringen die einem alles mögliche bei, aber sicher nichts Praktisches.

»Wir haben nur leider das Formular vergessen, das du uns unterschreiben musst«, fuhr der Kerl achselzuckend fort. »Michel ist gerade unten bei seinem Onkel, dem Concierge. Er will es noch mal ausdrucken, das kann aber dauern, weil der Drucker dort schon seit Ewigkeiten spinnt.«

Ich sah den Kerl an und musste mich beherrschen, meine Bewunderung für seine Lässigkeit nicht allzu deutlich zu zeigen. Er konnte höchstens ein paar Jahre älter sein als ich und wirkte trotzdem so, als hätte er schon so viel mehr Ahnung von dieser Welt. Ich beneidete ihn darum.

»Ah«, sagte ich, als er schon wieder begann, mich komisch anzuschauen, und mir die Stille langsam unangenehm wurde. »Okay.«

Er machte einen Schritt in den Raum hinein, und weil er dadurch im gleißenden Sonnenlicht stand, das durch die geöffneten Fenster in die Wohnung knallte, konnte ich sehen, wie sehr er schwitzte. Sein Tanktop klebte regelrecht an seinem definierten Körper, und an seinen durchtrainierten Oberarmen und in seinem Gesicht glänzten unzählige Schweißperlen. Jetzt war ich wirklich froh, dass ich mich dagegen entschieden hatte, meine Koffer alleine hier hoch in den vierten Stock zu schleppen. Wieder schwiegen wir für einige Sekunden, und ich fragte mich, ob ich der Einzige war, dem das zunehmend unangenehm war. Ich wollte irgendwas sagen, aber obwohl ich in Französisch immer der Klassenbeste gewesen war, hatte ich plötzlich das Gefühl, ich hätte außer *Oui* und *Non* sämtliche Vokabeln vergessen.

»Hast du vielleicht ein Handtuch für mich«, fragte der Kerl nach einer Weile. »Ich will dir nicht das gute Parkett volltropfen.« Nun grinste er verschmitzt, und ich freute mich insgeheim auf seine Rücksichtnahme. War ja jetzt schließlich tatsächlich mein Parkett.

»Klar, im Bad sind bestimmt welche«, sagte ich und stand auf. Ich war schon losgelaufen, als mir einfällt, dass ich noch gar nicht wusste, hinter welcher der vielen Türen im Gang sich das Bad wohl verbarg.

»Die zweite Tür links«, half mir der Möbelpacker aus, der mir in den Flur gefolgt war und offenbar mein Zögern bemerkt hatte.

»Na dann«, sagte ich. »Bedien dich einfach. Scheinst dich ja schon gut hier auszukennen.« Das kam etwas vorwurfsvoller rüber, als ich es geplant hatte. Wahrscheinlich hatte er vorhin einfach nur das Klo gesucht, während ich mit leerem Blick am Schreibtisch sitzend vor mich hingestarrt hatte.

»Ich war schon öfters hier«, entgegnete der Typ, bevor er die Tür zum Badezimmer öffnete und das Licht darin anmachte. »Ich kannte deinen Vormieter.«

»Du kanntest meinen …«, platzte es erschrocken aus mir heraus, und ich konnte mich gerade noch bremsen, bevor ich das Wort *Vater* rief. Denn das ging diesen Kerl ja nun wirklich nichts an.

»Ja, schon lange«, antwortete er achselzuckend. »Hab immer mal wieder ein paar Jobs für ihn erledigt. Er war der Parlamentspräsident, wusstest du das? Hatte einen schlimmen Autounfall, der Arme.«

»Ja, hab's gehört«, entgegnete ich mechanisch, während ich dabei zuschaute, wie der Umzugshelfer sich aus dem an seinem Körper klebenden Oberteil befreite und sich dann in einer schnellen Bewegung die kurzen Shorts herunterstreifte. Unter denen er nichts drunter hatte.

Zum Glück stand er mit dem Rücken zu mir, denn der unerwartete Anblick seines nackten Körpers sorgte zusammen mit der Information, dass dieser Kerl offenbar für meinen Vater gearbeitet hatte, für eine Art Kurzschluss in meinem Kopf. Ich stand einfach nur regungslos da, atmete durch meinen weit offenstehenden Mund und starrte auf die braune Haut der perfekten runden Arschbacken vor mir. Dummerweise drehte er sich dann doch noch um, und zwar ziemlich schnell, sodass meine Augen plötzlich nicht mehr auf seinem Hintern, sondern auf seinem großen dunklen Schwanz und den beiden rasierten, prallen Eiern ruhten.

»Ist doch okay, wenn ich schnell dusche, oder?«, fragte er, und holte mich damit endlich wieder ins Hier und Jetzt zurück.

Ich gab mir innerlich eine schallende Backpfeife und zwang mich, meinen Blick von diesem fetten Prügel zu nehmen und ihm ins Gesicht zu schauen. Ich befürchtete schon, dass er verärgert auf mein Starren reagieren würde, oder zumindest mit einigem Spott, doch er ließ sich überhaupt nichts anmerken.

»Also?«, fragte er nur und schaute mich abwartend an.

»Also, was?«, fragte ich zurück.

»Ist es okay, wenn ich kurz unter die Dusche springe?« Jetzt redete er, als wäre ich ein bisschen schwer von Begriff. Was ich ehrlich gesagt in dem Moment auch war.

»Ach so«, sagte ich schnell. »Klar, kein Problem.«

»Super. Besten Dank.«

Er lächelt und ich wartete darauf, dass er mich unsanft

in den Flur zurück schob und die Badezimmertür vor meiner Nase zuknallte. Doch stattdessen stellte er sich einfach unter die Brause der ebenerdigen Dusche, die nicht einmal durch eine Glasscheibe vom Rest des Raums getrennt war, und drehte den Hahn auf. Ich wollte gerade rausgehen und im Wohnzimmer auf ihn warten, um zu verhindern, dass er doch noch böse auf mich würde, weil ich ihm jetzt auch noch beim Duschen zuschaute. Doch nachdem er sich mit geschlossenen Augen ein paar Sekunden lang das Wasser übers Gesicht hatte laufen lassen, sah er mich plötzlich wieder an und sagte: »Du siehst ihm ziemlich ähnlich.«

»Wem?«, fragte ich, während es mir gleichzeitig eiskalt den Rücken hinunterlief. Weil ich natürlich genau wusste, wen er meinte.

»Deinem Vormieter natürlich«, antwortete er, während er Duschgel aus einem Pumpspender drückte und damit begann, seinen Körper einzuseifen. »Du bist nicht zufällig mit ihm verwandt, oder?«

»Kann dir ja egal sein«, gab ich knapp zurück, und ich wusste gar nicht, wie ich mich fühlen sollte, weil mir die unverschämte Art und vor allem die blöden Fragen dieses Kerls langsam auf die Nerven gingen. Während er mich gleichzeitig mit seiner kleinen Show einfach nur geil machte. Inzwischen hatte er seine Vorhaut zurückgezogen und damit begonnen, sich die Eichel einzuseifen. Und dieser Anblick sorgte dafür, dass ich langsam, aber sicher einen Steifen bekam.

»Klar kann es mir egal sein«, antwortete der Möbelpacker, während er mir wieder den Rücken zudrehte und sich mit den Händen über seine runden Pobacken fuhr. »Ist es aber nicht. Weil dein Vater ein guter Mann war.« Dann warf er mir über die Schulter einen prüfenden Blick zu. »Er war doch dein Vater, oder?« Ich schluckte und nickte. Was für eine schräge Situation. »Mein Beileid«, sagte er leise, während er sich gleichzeitig aufreizend langsam mit der rechten Hand durch die Kimme fuhr.

Okay, dachte ich. *Es kann also immer noch schräger werden.*

»Vielen Dank«, flüsterte ich und räusperte mich, weil meine Worte gerade ziemlich heiser geklungen hatten. Ob das an dem Kloß in meinem Hals lag oder an dem Ständer in meiner Hose, wusste ich in dem Moment selbst nicht.

»Ich bin übrigens Mathieu«, fuhr der Junge ungerührt fort.

»Freut mich«, gab ich mechanisch zurück.

Ich sah ihm dabei zu, wie er das Wasser abdrehte und nach einem sauberen Handtuch griff. Er faltete es vorsichtig auseinander, als ob es sehr kostbar wäre, dann begann er, sich Stück für Stück langsam abzutrocknen, und zwar auf eine Art, die mir klar machte, dass er seinen Körper für noch wertvoller hielt als das Handtuch. Und er hatte verdammt recht damit.

»Kannst du mir den Rücken abtrocknen?«, fragte er und machte nackt ein paar Schritte auf mich zu. »Da komme ich immer so schlecht hin.« Bevor ich etwas sagen konnte, drückte er mir das Tuch in die Hand, grinste mich noch einmal an und drehte sich dann um.

Ich bin kein dummer Mensch. Eigentlich stimmt sogar das ziemliche Gegenteil. Und im Nachhinein ist mir natürlich auch klar, was jedem anderen wahrscheinlich spätestens in genau diesem Moment aufgefallen wäre. Dieser Mathieu versuchte, mich zu verführen. Und zwar auf die ziemlich plumpe Art. Schieben wir es also bitte auf den emotionalen Ausnahmezustand, in dem ich mich an diesem Tag befunden habe. Aber ich habe das echt nicht geschnallt. Inzwischen ärgere ich mich aus verdammt vielen Gründen, dass ich auf diesen Sahelzonen-Casanova reingefallen bin. Denn man muss leider feststellen, dass in genau dem Moment, in dem ich ihm eben *nicht* gesagt habe, dass er sich seinen durchtrainierten Rücken schön alleine abtrocknen kann, alle meine Probleme noch ein kleines bisschen schlimmer geworden sind. Ganz schön dumm gelaufen.

»Du machst das echt gut«, sagte er, während ich ihm mit dem Handtuch über die Schultern fuhr.

Ich lachte unsicher, weil ich mir immer noch nicht klar darüber war, was dieser Typ eigentlich von mir wollte. Was ich von ihm wollte, wusste ich dafür ziemlich genau. Und spätestens in dem Moment, in dem Mathieu seine nackten Arschbacken gegen meinen Schritt drückte und meine Erektion spürte, wusste er es auch.

Er seufzte auf, doch er sagte nichts. Stattdessen begann er, leicht mit dem Becken zu kreisen. Dann griff er hinter sich und nahm mir das Handtuch ab. Er ließ es achtlos auf den Boden fallen und lehnte sich danach etwas zurück, um seinen Oberköper gegen meinen zu pressen. Meine Lippen waren jetzt ganz nah an seinem Hals, und ohne weiter nachzudenken begann ich, ihn dort zu küssen. Gleichzeitig fuhr meine rechte Hand wie ferngesteuert an seinem Nacken hoch, bis sie seine schwarzen Locken erreichte. Sie packte zu und zog Mathieus Kopf mit einem Ruck noch weiter nach hinten, damit meine Lippen noch mehr von seinem Hals erkunden konnten.

Ihm schien das zu gefallen, denn er presste seine harten kleinen Arschbacken jetzt so fest er konnte gegen meinen Schwanz.

»Deine Klamotten sind im Weg«, flüsterte er.

»Dann ziehen wir sie aus«, antwortete ich. Ich ließ seine Haare los, damit er sich umdrehen konnte. Er tat es und wir sahen uns an. Unsere Gesichter waren sich so nah, dass sich unsere Nasenspitzen fast berührten. Ich konnte seinen Atem riechen. Er roch nach Sommer und nach Minze.

Mathieu griff mir an den Hals. Er begann, mein Leinenhemd aufzuknöpfen und ging dabei mit jedem Knopf, den er öffnete, ein kleines bisschen weiter in die Knie. Als er beim letzten Knopf angekommen war, befand sich sein Gesicht direkt vor der fetten Beule in meiner knielangen Chino. Er blickte fast schüchtern zu mir hoch und wartete offenbar auf ein Zeichen. Fast musste ich grinsen, weil sich unsere Rollen innerhalb weniger Sekunden so komplett vertauscht hatten. Jetzt war ich derjenige, der hier den Ton angab. Und das genossen wir offenbar beide.

Ich streifte mein aufgeknöpftes Hemd ab und öffnete dann zuerst meinen geflochtenen Ledergürtel und dann den Kopf und den Reißverschluss meiner Hose. Dann übernahm Mathieu. Er zog mir die Hose herunter und küsste dann sanft den Vorsaftfleck auf meiner inzwischen viel zu engen weißen Unterhose. Als seine Lippen durch den Stoff meine Eichel berührten, stöhnte ich auf. Ich war jetzt so geil, dass ich keine Geduld mehr hatte für ein überlanges Vorspiel. Also beugte ich mich zu ihm herunter und packte ihn unter den Achseln. Dann zog ich ihn nach oben, nahm ihn an der Hand und führte ihn zurück ins Wohnzimmer. Dort angekommen setzte ich mich breitbeinig auf die große Ledercouch, und in dem kurzen Moment, in dem sich sein steifer Pimmel direkt vor meinem Gesicht befand, fiel mir erst so richtig auf, was für ein verdammter Prügel das war: zwar nicht besonders dick, aber fast so lang wie mein Unterarm! Das war wirklich der längste Schwanz, den ich je gesehen hatte!

Doch mir blieb nicht viel Zeit, diese schwarze Mamba zu bewundern, denn Mathieu ging gleich auf die Knie und platzierte seinen hübschen Kopf zwischen meinen Oberschenkeln. Ich hob meinen Hintern an, damit er mir die verschwitzte Unterhose herunterziehen konnte. Mein Schwanz schnellte nach oben, doch er fing ihn wie ein Profi mit seinen vollen Lippen auf. Dann begann er zu saugen.

Ich schloss die Augen und atmete tief ein. Die seltsamen Erlebnisse dieses Tages und vor allem die Hitze in der Wohnung führten dazu, dass mir leicht schummerig wurde, während der Möbelpacker wie wild an meiner Schwanzspitze saugte, und mir gleichzeitig mit einer Hand die Eier knetete, als würde er sie melken wollen. Es fühlte sich unglaublich gut an und war ein mindestens genauso geiler Anblick, als ich an mir hinunterschaute und dem schwarzen Lockenkopf dabei zusah, wie er jetzt scheinbar ohne jede Anstrengung meinen kompletten Schwanz in seinem Rachen aufnahm. Mühelos glitt meine Eichel seine enge Röhre hinunter, und ich stöhnte erneut laut auf. Gleichzeitig vergrub Mathieu seine Nase in meinen Schamhaaren und schien tief einzuatmen. Kurz war es mir peinlich gewesen, dass ich mich schon seit ein paar Wochen nicht mehr rasiert hatte und gerade auch alles andere als frisch geduscht war, doch die kleine Drecksau schien genau das geil zu machen. Also griff ich ihm mit beiden Händen in die Haare und presste seinen Kopf so fest ich konnte zwischen meine behaarten Schenkel. *Mal schauen, wie lange es dauert, bis du zu zappeln anfängst*, dachte ich, während ich meinen Schwanz noch einen halben Zentimeter tiefer in seinen Rachen presste und seine Nase fest in meine Schamhaare drückte.

Der Kleine grunzte, doch es hörte sich nicht panisch, sondern ganz und gar glücklich an.

»Brav«, brummte ich zufrieden.

»Ist er immer«, hörte ich plötzlich eine tiefe Stimme und ließ vor Schreck Mathieus Kopf los.

Ich drehte mich zur Tür und sah Michel, den anderen Möbelpacker, mit ein paar ausgedruckten Seiten im Türrahmen lehnen.

Scheiße!, dachte ich. Den hatte ich komplett vergessen. Wie lange er wohl schon dort stand?

Ich wollte etwas sagen, doch die Hingabe, mit der mein kleiner Schwanzlutscher jetzt an meinen Eiern leckte, ohne sich durch Michels Rückkehr stören zu lassen, zeigte mir schnell, dass ich wohl auch keinen Grund hatte, peinlich berührt zu sein.

Michel war ein ganz anderer Typ als Mathieu. Vielleicht fünf Jahre älter, einen Kopf größer und nicht so athletisch wie sein junger Kollege, sondern von einem eher groben, bulligen Körperbau. Sein kurz geschorener Schädel unterstrich das derbe Gesamtbild, das mich irgendwie an einen britischen Hooligan denken ließ.

Jetzt kam er zu uns rüber. Er stellte sich neben das Sofa, knallte mir die Blätter vor die nackte Brust, blickte zu mir runter und sagte: »Einmal unterschreiben, bitte.« Er grinste höhnisch. »Muss aber nicht jetzt gleich sein.« Damit öffnete er die beiden goldenen Reißverschlüsse seiner knielangen Zimmermannshose, die sich genau vor meinem Gesicht befanden. Er griff hinein und holte seinen halbsteifen unbeschnittenen Schwanz heraus. »Lutschen«, sagte er leise, aber sehr streng. Ich blickte nach oben und schaute in seine Augen, die herrisch zu mir herunterstarrten. »Jetzt«, fügte er noch leiser hinzu.

Also nahm ich meine rechte Hand von Mathieus Hinterkopf, der inzwischen wieder meisterlich an meiner Eichel saugte, griff nach dem Schwanz vor meiner Nase und schob langsam die Vorhaut zurück. Auch Michels Kolben war ganz anders gebaut als der seines dunkelhäutigen Kollegen. Er war bei weitem nicht so lang, aber dafür deutlich dicker. Ein richtiger Bauarbeiterpisser. Und ganz offensichtlich hatte er seit dem anstrengenden Kistenschleppen vor einer halben Stunde genauso wenig geduscht wie ich.

Der reife Schwanzgeruch, den Michels Eichel ausströmte, machte mich noch geiler, als ich inzwischen ohnehin schon war. Ich öffnete den Mund, streckte meine Zunge heraus und begann, damit über die dicke Pimmelspitze zu lecken. Der grobschlächtige Kerl grunzte zufrieden, als ich seine Latte schon kurz darauf Stück für Stück in meinem Hals versenkte. Dabei musste ich mich verdammt beherrschen, nicht zu würgen, denn so ein fettes Kaliber hatte ich noch nie so tief im Hals stecken gehabt. Aber ich schien meine Sache gut zu machen. Denn als ich zu ihm hochschaute, sah ich, wie er zufrieden lächelnd nickte.

Ich hatte mich so darauf konzentriert, Michels dicken Kolben in meinen Hals zu bekommen, dass ich tatsächlich gar nicht bemerkt hatte, wie Mathieu aufgehört hatte, meinen Schwanz zu lutschen. Der kam nun zwischen meinen Oberschenkeln hervor und stand auf, nur um sich direkt danach auf meinen Schoß zu setzen, und zwar so, dass wir uns anschauten und sich unsere Schwänze aneinanderpressten.

»Ich will auch mal«, flüsterte er mir ins Ohr, was sein Kollege offenbar auch mitbekam. Denn der zog nun seine Latte aus meinem Hals und klatschte das tropfnasse Ding ein paar Mal kräftig gegen Mathieus Wangen, bevor er es uns auffordernd hinhielt. Also begannen wir zu zweit, an dem fett geäderten Schwanz hoch und runter zu lecken. Dabei blickten Mathieu und ich uns die ganze Zeit in die Augen und fanden es offensichtlich beide verdammt geil, wenn sich unsere Zungen wie zufällig trafen. Mir platzten fast die Eier vor Geilheit! So etwas Versautes hatte ich noch nie gemacht. Aber ich stand sowieso auf Zungenküsse, und das hier waren Zungenküsse mit einem Schwanz dazwischen. Konnte es also noch besser werden? Es konnte. Denn nach einer Weile spuckte sich mein dunkelhäutiger Schwanzlutschpartner in die Hand und schmierte sich damit die Kimme ein, während er sich mit der Zunge sogleich wieder auf Michels Schwanz konzentrierte. Ich ahnte, was jetzt kommen würde, und schloss die Augen.

Dann spürte ich, wie Mathieu sich in meinem Schoß kurz aufrichtete, seinen Arsch auf meinem knallharten Schwanz platzierte und sich dann langsam wieder herabsenkte. Meine Eichel glitt mühelos durch die enge Kimme zwischen seinen Backen, die vom Schweiß und seiner Spucke klebrig feucht waren. Dann stieß ich gegen seine Rosette und eine erneute Welle der Lust breitete sich von meinen Klöten durch meinen ganzen Körper aus. Mathieu drückte sich sanft gegen meine Schwanzspitze, und einfacher als gedacht öffnete sich sein Loch und nahm meinen steinharten Schwanz in sich auf. Es fühlte sich eng an und vor allem war es unglaublich heiß da drin. Ich öffnete meine Augen und sah, wie Mathieu mich auffordernd ansah, während er jetzt gleichzeitig meinen Ständer bis zum Anschlag in seinem Arsch und den seines Kollegen tief im Rachen stecken hatte. Wie von selbst machte sich meine Hüfte daran, immer fester in Mathieus heiße kleine Kiste zu stoßen, während ich beobachtete, wie das geile Schwein genüsslich an Michels derbem Riemen lutschte. Der hatte die linke seiner schweren Pranken auf meinem Kopf liegen und die rechte in Mathieus schwarzen Locken vergraben. Und er stöhnte immer lauter, bis er seinen fetten Kolben aus Mathieus Rachen zog, uns beiden ohne Vorwarnung eine schallende Backpfeife gab und dann in vier fetten Schüben quer über unsere beiden Gesichter spritzte. Dieser Anblick und das glühende Gefühl von Michels zähem Schleim auf meiner Haut, waren alles, was ich noch brauchte. Ich packte Mathieus Hüften und presste ihn so fest ich konnte nach unten, während ich gleichzeitig so unerbittlich wie möglich meinen Schwanz in sein Loch hämmerte. Er bedankte sich mit einem hohen Stöhnen und begann direkt danach, voller Hingabe Michels Wichse von meinem Gesicht zu schlecken.

»Das ist das Geilste, was ich jemals gemacht habe!«, presste ich hervor. Dann schoss ich ihm meine Ladung in den Arsch.

Eine gute halbe Stunde später stand ich nackt am Wohnzimmerfenster und beobachtete, wie die beiden über die Straße zu Michels altem Renault schlenderten. Für eine Weile waren wir einfach zu dritt übereinander auf dem Sofa zusammengebrochen, ich ganz unten, mit Mathieu und dem schweren Michel über mir. Doch es hatte sich gut angefühlt. Mein Schwanz war irgendwann aus Mathieus Arsch gerutscht, aus dem mir danach mein eigener Saft über den Oberschenkel gelaufen war. Weil wir alle komplett verschwitzt und eingesaut waren, sind wir noch einmal zusammen duschen gegangen. Und während Mathieu mir zärtlich und fast schon liebevoll die Brust eingeseift hatte, hatte Michel sich schweigend hinter ihn gestellt, und ihn noch einmal gefickt. Als wir irgendwann wirklich alle sauber waren, hatten sich die beiden angezogen, mich ihre Quittung unterschreiben lassen, und dann waren sie gegangen.

Nun stand ich also am Fenster und schaute den beiden nach, wie sie sich lachend auf der Straße unterhielten und danach ins Auto setzten. Doch sie fuhren noch nicht gleich los, weil Michel erst noch eine lange SMS tippte, bevor er endlich den Schlüssel ins Schloss steckte und den Motor anließ.

Ich habe mich später oft gefragt, was genau er wohl empfunden hat, als er seinem Auftraggeber geschrieben hat. Hatte er in dem Moment ein schlechtes Gewissen? Vielleicht sogar Mitleid mit mir? Wusste er überhaupt, warum man die beiden auf mich angesetzt hatte?

Wahrscheinlich werde ich das alles nie erfahren. Aber was ich weiß, ist das hier: Wenn ich diese beiden Kerle noch einmal sehen sollte, werden sie bereuen, was sie mir angetan haben. Und zwar heftig.

Ein klassischer Montagmorgen

Mein Vater war sicherlich kein Kind von Traurigkeit. Davon können Mama und ich ein Lied singen. Meine gesamte Jugend war davon geprägt, dass ich alle paar Wochen eine neue Schlagzeile lesen durfte darüber, mit welcher parlamentarischen Sekretärin, welcher Dolmetscherin oder welcher Außenministerin mein Vater jetzt gerade angeblich wieder eine Affäre hatte. Selbst wenn nur die Hälfte von all den Geschichten gestimmt hätte, wäre es eine ganz schön beachtliche Quote gewesen. Aber ehrlich gesagt würde es mich nicht wundern, wenn sie alle wahr wären.

Es gab Zeiten, in denen habe ich meinen Vater gehasst. Dafür, dass er mich und Mama zum Gespött der Leute gemacht hat. Dafür, dass ihm das so offensichtlich einfach egal war. Und dafür, dass er so gut wie nie da war. Nicht, als ich mein erstes Basketballspiel für Bayern München gemacht habe. Nicht, als ich einmal so schwer gefoult worden war, dass ich danach vier Tage im Krankenhaus lag. Und nicht einmal bei meinem Abiball. Das lag zwar hauptsächlich daran, dass er da schon tot war. Aber eine Zeit lang habe ich ihm sogar das verübelt.

Doch gleichzeitig habe ich meinen Vater immer geliebt.

Und auch, wenn ich das ihm oder Mama gegenüber nie zugegeben hätte, ich habe ihn bewundert. Ich war stolz auf das, was er in Brüssel erreichte, auch wenn ich dieses Gefühl erst lange gar nicht und später nur sehr widerwillig zuließ. Am meisten habe ich ihn aber dafür geliebt, dass er es trotz allem irgendwie schaffte, Mama und mir das Gefühl zu geben, als wären wir für ihn immer noch die wichtigsten Menschen auf der Welt. Er war zwar verdammt selten zu Hause. Aber wenn er da war, war er auch *da*. Ich liebte die gemeinsamen Sonntage, die uns alle paar Monate als Familie vergönnt waren. Weil er an diesen Tagen bis zum Spätnachmittag sein Handy ausgeschaltet ließ. Das hatte er Mama und mir versprochen, als ich elf oder zwölf war, und er hat sich ohne eine einzige Ausnahme daran gehalten. An diesem Tagen haben wir ewig zu dritt gefrühstückt. Dann haben wir meistens kurz Oma besucht, und wenn das Wetter gut genug war, hat er mit mir danach noch im Hof ein paar Körbe geworfen. Und mich dabei ganz beiläufig, aber voller ehrlichem Interesse darüber ausgefragt, wie es mir so geht.

Dass ich schwul bin, habe ich ihm lange vor Mama erzählt, schon kurz nachdem ich fünfzehn geworden war. Es war ein schöner Spätsommernachmittag und wir hatten gerade unser Basketballprogramm beendet und saßen verschwitzt nebeneinander auf dem noch warmen Gras im Garten. Nachdem ich es ihm gesagt hatte, schwieg er zunächst eine ganze Weile, und mir wurde auf einmal ganz kalt, weil ich schon befürchtete, dass er die Sache doch nicht so cool aufnehmen würde, wie ich es mir erhofft hatte.

Doch dann schaute er mir tief in die Augen und sagte:

»Wenn du darauf eine Reaktion von mir haben willst, musst du es sagen, Maxi. Aber wenn nicht, belassen wir es einfach dabei, dass ich das jetzt weiß, okay? Und dich kein bisschen weniger liebe als noch vor zwei Minuten.«

In dem Moment, war ich so gerührt, dass mir tatsächlich ein paar Tränen kamen. Ich schämte mich dafür, denn nur, weil ich jetzt neuerdings schwul war, musste ich ja nicht gleich zur Heulsuse mutieren. Doch Papa nahm mich fest in den Arm, gab mir einen Kuss auf die Stirn und flüsterte: »Ich bin stolz auf dich, Großer! Und ich werde es immer sein.«

Ich weiß gar nicht mehr, wie oft er mir angeboten hat, für einen Sommer zu ihm nach Brüssel zu kommen und dort das Parlament kennenzulernen. Ich hätte bei ihm wohnen können, und wir hätten wahrscheinlich in sechs Wochen mehr Zeit miteinander verbracht, als in den zehn Jahren davor. Es hätte echt toll werden können. Doch aus kindlichem Trotz habe ich es jedes Mal wieder abgelehnt. Weil ich dachte, wenn ich mich nur lange genug weigerte, zu ihm in dieses verdammte Moloch zu fahren, würde er es irgendwann einsehen und zurück zu uns nach Hause kommen.

Und jetzt? Jetzt war ich doch in Brüssel gelandet. Nur Papa war nicht mehr da.

Am Morgen nach meinem Einzug in Papas Wohnung hatte ich mir den Wecker auf sieben gestellt, doch ich war schon zwei Stunden vorher wach. Zum einen hatte mich die unerträgliche Hitze nicht schlafen lassen, die wie eine Glocke über der Stadt hing, zum anderen war es eine

Mischung aus Traurigkeit, Aufregung und Wut gewesen, die mich erst ewig wachgehalten und dann viel zu früh wieder aus dem Schlaf geholt hatte. Also stand ich kurz nach fünf auf, als gerade der Morgen dämmerte, und machte weiter, womit ich am Abend zuvor aufgehört hatte: Ich wanderte durch die Wohnung, öffnete wahllos Schubladen und Schränke und versuchte, mir einen Überblick über die ganzen Sachen zu verschaffen, die einst meinem Vater gehört hatten und nun laut seinem Testament alle meine waren. Die ganzen Anzüge und den Großteil seiner anderen Klamotten hatte ich schon aus den Schränken geräumt und in Mülltüten gepackt. Weil mir das alles viel zu groß war, ich die edlen Stoffe aber auch nicht wegwerfen wollte, würde ich sie bei nächster Gelegenheit zur Altkleidersammelstelle bringen. Und ich schmunzelte bei dem Gedanken, dass Brüssels Obdachlose top modisch ausstaffiert in die kommende Wintersaison gehen würden. Beim Ausmisten im Schlafzimmer war ich auch auf eine fast volle Flasche Gleitgel, eine Großpackung Kondome und Handschellen sowie eine teuer aussehende Reitgerte gestoßen.

»Oh Mann, Papa!«, hatte ich gemurmelt und die Schublade schnell wieder zugeschlagen, in der das Zeug verstaut war. Doch am nächsten Morgen war mir klar, dass es mir sowieso keine Ruhe lassen würde zu wissen, dass die Sachen da drinnen waren. Also lief ich in die Abstellkammer, kramte dort die Putzhandschuhe aus dem Regal, zog sie mir über und holte das ganze versaute Zeug aus der Schublade. Ich steckte es in einen der letzten Müllbeutel, verknotete den so fest ich konnte, trug ihn direkt in den Hausflur und warf ihn dort in den Müllschlucker, von wo er polternd vier

Stockwerke nach unten rauschte und auf Nimmerwiedersehen verschwand. Und zur Sicherheit zog ich mir auch noch die Handschuhe aus und warf die direkt hinterher.

Ich ging zurück in die Wohnung, wo mein Blick auf die große Ledercouch fiel, auf der ich am Nachmittag zuvor den versautesten Sex meines bisherigen Lebens gehabt hatte. Ich hatte sie am Abend noch abgeschrubbt, um auch noch die letzten Flecken unserer Wichse davon zu tilgen. Denn insgeheim schämte ich mich für das, was ich mit den beiden Kerlen getan hatte – oder sie mit mir. Nicht, weil ich ein Problem damit hatte, schwul zu sein. Und ich war auch nicht der Meinung, dass Sex etwas Schlimmes war. Aber genau das war in dem Moment mein Problem. Kaum dass die beiden Typen aus der Wohnung verschwunden waren, war mir der Gedanke gekommen, dass ich in Bezug auf meinen sexuellen Appetit vielleicht mehr mit meinem Vater gemeinsam hatte, als mir lieb war. Und das beunruhigte mich auf eine sehr seltsame Art.

Denn bis zum vorherigen Tag hatte ich nur Sex mit einem einzigen Jungen gehabt – weshalb meine Quote durch die Nummer auf Papas Couch gleich mal um zweihundert Prozent erhöht worden war. Der einzige Junge, mit dem ich bis gestern geschlafen hatte, war Tim gewesen, so was Ähnliches wie mein erster Freund. Alles, was wir im Bett gemacht hatten, war schön gewesen, und gleichzeitig auch irgendwie langweilig. Mich hatte das beruhigt, weil ich mich schon immer dagegen gewehrt hatte, in dieser Hinsicht wie mein Vater zu sein. Und weil mich der Sex mit Tim eher gelangweilt hatte, hatte ich gehofft, dass ich Vögeln an sich einfach nicht so spannend finden würde. Doch da hatte ich mich getäuscht. Inzwischen glaubte ich, dass ich einfach Tim nicht spannend fand. Denn mit den beiden Jungs gestern hatte die Sache plötzlich ganz anders ausgesehen. Die hatte ich so spannend gefunden, dass ich mir am Abend gleich noch mal einen auf sie runtergeholt hatte, mit geschlossenen Augen und meinen Gedanken bei Mathieus Locken, in die ich meine Hände presste, damit mein Schwanz noch ein bisschen tiefer in seine Kehle glitt.

Darüber nachzudenken, verschaffte mir schon wieder einen Steifen, doch ich hatte keine Zeit mehr, mir noch einmal einen darauf zu wichsen. Denn inzwischen war es acht Uhr am Montagmorgen, und ich musste mich duschen und anziehen, weil um neun mein erster Tag als Praktikant in der Verwaltung des Europäischen Parlaments begann.

Als ich eine halbe Stunde später auf die Straße trat, stand eine schwarze Limousine vor dem Eingang des Hauses, und als ich gerade an ihr vorbei zur Metro laufen wollte, stieg dienstbeflissen der Chauffeur aus, nahm Haltung an und räusperte sich.

»Maximilian von Hammerschmidt?«, fragte er und sah mich dabei mit der Hochnäsigkeit eines britischen Butlers aus dem achtzehnten Jahrhundert an, weshalb ich unweigerlich auch direkt den Rücken gerade hielt.

»Äh, ja?«, fragte ich irritiert.

»Steigen Sie ein«, sagte er steif und machte dabei eine Handbewegung, die er wahrscheinlich für einladend hielt. Das *bitte* musste er vergessen haben. »Ich bringe Sie zur

Arbeit«, erklärte er weiter, und ich muss sehr skeptisch dreingeschaut haben, denn der hochnäsige Vogel fühlte sich offenbar genötigt, noch hinterherzusetzen: »Die Fahrt ist eine Einladung von Herrn Willmann.«

»Oha!«, rief ich. »Na, dann wollen wir die besser mal nicht ausschlagen, was?«

Ich wollte gerade die Hintertür öffnen, doch die Hand des Chauffeurs war schneller. Mit einem ungnädigen Blick, als hätte ich ihm den spaßigsten Teil seiner Arbeit wegnehmen wollen, öffnete er die Tür für mich, wartete, bis ich eingestiegen war, und schloss sie dann mit einem formvollendeten Schwung seines linken Arms.

»Ist das normal, dass die EU ihre Praktikanten durch die Gegend chauffiert?«, fragte ich, während das Auto ausparkte und sich in den zäh fließenden Verkehr einordnete.

»Nein«, gab der Fahrer knapp zurück und ließ mich mit einem abschätzigen Blick über den Rückspiegel wissen, dass er es offenbar auch nicht gerade guthieß, seine wahrscheinlich überaus kostbare Zeit mit mir verbringen zu müssen.

Tja, dachte ich, *ein klassischer Montagmorgen, was?* Doch dann beschäftigte ich mich nicht weiter mit diesem snobistischen Griesgram, sondern fragte mich stattdessen, was es wohl zu bedeuten hatte, dass Klaus Willmann mir extra einen Wagen schickte.

Willmann war ein schneidiger Holländer und wenige Wochen nach dem Tod meines Vaters zu dessen Nachfolger als Parlamentspräsident gewählt worden. Ich hatte ihn bisher nur einmal gesehen (also in echt, im Fernsehen war er natürlich ständig), und zwar bei Papas Trauerfeier in der

Münchner Frauenkirche, wo er zuerst eine schmalzige Rede gehalten und mir dann später auf zum Kotzen professionell betroffene Art sein Beileid ausgesprochen hatte. Ich konnte ihn nicht leiden. Und das lag nicht nur daran, dass er mir einfach viel zu aalglatt war, sondern vor allem an dem kleinen Zettel, der mich überhaupt erst in diese beknackte Stadt geführt hatte, und den ich auch in diesem Moment in der Limousine bei mir trug, in der Innentasche meines Sakkos. Als eine Art Talisman.

»Wir sind da«, sagte der Fahrer unnötigerweise. Denn ich hätte auch selbst gemerkt, dass wir gerade in einer Tiefgarage zum Halten gekommen waren. »Sie fahren mit dem Aufzug in die Lobby, gehen dort durch die Sicherheitsschleuse, nehmen dann den nächsten Fahrstuhl bis ganz nach oben und melden sich danach am Empfang an. Herr Willmann erwartet Sie bereits. Haben Sie das alles verstanden?«

Wieder trafen sich unsere Blicke über den Rückspiegel, und er schaute mich an, als wäre ich ein bisschen doof.

»Habe ich«, erwiderte ich knapp und hätte am liebsten noch ein *Ich bin ja hier nicht derjenige, der als besserer Busfahrer arbeitet* hinzugefügt. Doch das verkniff ich mir, weil es gegen die sozialdemokratische Überzeugung gegangen wäre, der sich meine Familie trotz ihres Adelstitels seit hundertfünfzig Jahren verpflichtet fühlte. Grußlos stieg ich aus und lief in Richtung Aufzug.

Ein paar Minuten später betrat ich Klaus Willmanns Büro, und ihn da so am Schreibtisch sitzen zu sehen, scheinbar in irgendwelche Akten vertieft, versetzte mir direkt wieder einen Stich ins Herz. Denn ich wusste, dass bis vor ein paar Monaten noch mein Vater an diesem Tisch gesessen hatte.

Der Blödmann tat tatsächlich so, als ob er mich erst bemerkte, als ich schon direkt vor seinem Tisch stand. Dann schaute er auf und zeigte ein schlecht gespieltes Erstaunen, das sich kurz darauf in noch schlechter gespielte Wiedersehensfreude verwandelte.

»Max!«, rief er und sprang jugendlich-dynamisch von seinem Chefsessel auf. Dann lief er den weiten Weg um den Schreibtisch herum und umarmte mich fest. Er roch ziemlich gut, das war das Erste, was mir auffiel. Zumindest so lange, bis meine Antipathie ihm gegenüber wieder die Oberhand gewann. »Es tut so gut, dich zu sehen«, sagte er und blickte mir dabei in die Augen. Und ich weiß nicht warum, aber das kam jetzt doch fast schon etwas glaubhafter rüber. Er ließ mich los und zeigte auf den Besucherstuhl. »Setz dich«, sagte er in fast akzentfreiem Deutsch. »Kann ich dir was anbieten?«

»Nein, danke«, antwortete ich und lächelte höflich, während er sich mir gegenübersetzte. »Bin ja eigentlich zum Arbeiten hier.«

»Erster Tag heute, hm?«, fragte er.

Ich nickte.

»Und, aufgeregt?«

Ich sagte nichts, sondern zuckte nur mit den Schultern. Und fragte mich, was das Ganze hier werden sollte.

»Auf der Trauerfeier für deinen Vater habe ich dir gesagt, dass du dich immer an mich wenden kannst, wenn du mal was brauchst.«

»Ich weiß noch«, sagte ich. »Danke.«

»Und trotzdem hast du dich nicht gemeldet wegen des Praktikums hier bei uns. Sondern hast dich ganz normal online beworben.« Er sah mich mit einem Blick an, der fast schon irgendwie eingeschnappt wirkte.

»Na ja«, log ich. »Ich wollte den Platz nicht nur wegen Papas oder meinen Beziehungen bekommen, das hätte sich irgendwie falsch angefühlt. Deshalb wollte ich mich auf dem normalen Weg bewerben, wie alle anderen auch.«

»Nun«, er zog eine Augenbraue nach oben, »du hast aber schon deinen richtigen Namen angegeben bei der Bewerbung, oder?«

»Natürlich«, sagte ich schnell.

»Und denkst du nicht, dass allen, die deine Bewerbung in die Finger gekriegt haben, sofort klar war, wer du bist?«

Okay, dachte ich. *Eins zu null für dich, Klaus.*

»Na ja, den Versuch war's wert, oder?«, fragte ich und lachte laut, um diese komische Situation aufzulösen.

Doch Willmann lachte nicht mit. »Wie geht's deiner Mutter?«, fragte er stattdessen.

»Gut«, gab ich zurück. »Ich meine, so gut, wie es halt sein kann.«

»Natürlich, ich verstehe schon. Und dir? Wie geht es dir?«

»Ehrlich gesagt, ich bin ein wenig ratlos, weil ich nicht genau weiß, was Sie von mir wollen.«

Jetzt lächelte er doch. »Immer das Herz auf der Zunge«, murmelte er. »Ganz wie dein Vater.«

Gestern Nachmittag hatte ich noch was ganz anderes auf der Zunge, dachte ich kurz. Doch ich zwang mich, mich wieder auf das Gespräch zu konzentrieren.

»Ich hatte auch gar nicht mehr in Erinnerung, wie ähnlich du ihm siehst«, fuhr er fort und musterte mich dabei von oben bis unten, was mir ziemlich unangenehm war.

»Das sagen alle«, gab ich zurück. Obwohl ich gar nicht fand, dass das stimmte. »Also«, fragte ich noch einmal, »warum haben Sie mich herbestellt?«

»Bitte«, sagte er und hob gönnerhaft die Hände, »nenn mich Klaus. Dein Vater und ich waren so was wie beste Freunde.« Ganz bestimmt. »Ich wollte dich gerne sehen, und dich persönlich in Brüssel begrüßen.«

»Danke«, sagte ich so höflich wie möglich.

»Auch, wenn ich mich frage, ob es nicht besser gewesen wäre, du wärst diesen Sommer noch bei deiner Mutter geblieben.«

Wollte der Kerl mir gerade durch die Blume mitteilen, dass er mich nicht in der Stadt haben wollte? In seiner Stadt? War die etwa nicht groß genug für uns beide?

»Mama kann sehr gut auf sich alleine aufpassen«, sagte ich nur. »Genau wie ich.«

Willmann hob schon wieder die Hände, dieses Mal aber auf eine abwehrende Art. Und er spannte seinen Bizeps dabei an. Wollte er mir damit drohen, oder mich einfach nur ablenken? Im Vergleich zu den meisten anderen Politikern sah er aber auch wirklich gar nicht übel aus. Er war ziemlich durchtrainiert für einen Sesselpupser, und seine kurz rasierten blonden Haare passten gut zu seinem kantigen Gesicht. Wie alt er wohl war? Anfang vierzig höchstens. Ganz schön jung für einen Parlamentspräsidenten. Da musste aber jemand ziemlich ehrgeizig gewesen sein. Und froh darüber, dass Papa seinen Posten so früh frei gemacht hatte, indem er mitsamt Auto einen Salto in den Straßengraben vollführte?

»Ich kann verstehen, dass du misstrauisch bist, Max«, sagte er nun und wedelte immer noch beschwichtigend mit den durchtrainierten Oberarmen in seinem eng geschnittenen Designerhemd herum. »Dein Vater hat dir sicher viel darüber erzählt, was diese Stadt für ein Schlangennest sein kann.«

»Hat er«, erwiderte ich, was schon wieder gelogen war. Mein Vater hatte nie über seine Arbeit gesprochen, wenn er zu Hause war. Mit mir zumindest nicht.

»Und deshalb wäre es mir ehrlich gesagt lieber, du wärest nicht hergekommen.«

Oha. Mit so deutlichen Worten hatte ich nicht gerechnet. Würde man einem Politiker ja gar nicht mehr zutrauen. Ich war mir nur immer noch nicht sicher, ob er das als Hinweis meinte oder als Drohung.

»Na ja«, sagte ich, »bis auf meinen Vater leben ja noch alle. So gefährlich kann die Stadt also nicht sein.«

»Das kommt wie so vieles im Leben auf den Blickwinkel an, Max«, gab Willmann zurück und stützte jetzt seine Ellenbogen auf den Armlehnen seines Chefsessels ab, um bedeutungsvoll die Hände vor seinem kantigen Kinn falten zu können.

Die Situation war mindestens genauso schräg wie mein stockendes Gespräch mit Mathieu, dem Möbelpacker am Nachmittag zuvor. Nur dass diese Sache hier ganz sicher nicht mit Sex enden würde.

»Es ist schon Viertel nach neun«, sagte ich nach einigen Sekunden, in denen wir beide dramatisch geschwiegen hatten. »Ich bin schon spät dran.« Und der Parlamentspräsident der Europäischen Union sollte ja eigentlich auch Wichtigeres zu tun haben, als sich am Montagmorgen mit einem Praktikanten anzuschweigen.

»Natürlich, natürlich«, sagte er jetzt, und stand schon wieder auf. Dieses Mal lief er allerdings nicht um seinen Tisch herum, sondern streckte mir nur darüber hinweg seine Hand entgegen. »Dann mal einen erfolgreichen ersten Arbeitstag, Max.« Ich griff nach seiner Hand und schüttelte sie, als er sie plötzlich fester als notwendig packte und mich sehr ernst ansah. »Und wenn du das nächste Mal was brauchst, egal was, dann kommst du wirklich zu mir. In Ordnung?«

»In Ordnung«, sagte ich, zog mit einiger Mühe meine Rechte aus seiner Umklammerung und machte, dass ich weg kam.

Inzwischen war ich wirklich ziemlich verspätet, und das ärgerte mich, weil ich mir nicht schon am allerersten Tag einen schlechten Ruf erarbeiten wollte. Erst recht nicht, wenn ich gar nichts dafür konnte. Aber meinem Praktikumsbetreuer (wer auch immer das sein würde) zu sagen: *Entschuldigung, ich bin ein bisschen spät dran, weil ich mir noch schnell ein paar seltsam verklausulierte Drohungen von Ihrem Oberboss anhören musste*, würde mich sicher auch nicht viel besser dastehen lassen. Also stellte ich mich schon mal darauf ein, mir zur Begrüßung als Erstes eine Predigt über europäische Arbeitsmoral anhören zu dürfen. »Ich kann nur hoffen, dass mein Betreuer Italiener ist und das nicht so eng sieht«, murmelte ich, als ich den Gang entlang Richtung Fahrstühle lief. Doch weil es jetzt auf zwei Minuten auch nicht mehr ankam, fuhr ich nicht sofort aus der Chefetage hinunter in die Niederungen des Verwaltungsbetriebs, wo ich schon ungeduldig erwartet wurde. Sondern ich verschanzte mich auf der nächstbesten Toilette, schloss mich in einer der Kabinen ein und atmete ein paar Mal tief durch. Dann griff ich mit zitternden Fingern in die Innentasche meines Sakkos und zog den Zettel hervor. Den Zettel, wegen dem ich mich überhaupt erst entschlossen hatte, mich für ein Praktikum in dieser bescheuerten Stadt zu bewerben. Den Zettel, den man mir zwei Wochen nach dem Tod meines Vaters per Einschreiben von Brüssel aus zugeschickt hatte. Den Zettel, von dem ich bis gerade nicht sicher war, ob sich damit nur jemand einen blöden Scherz erlaubt hatte. Doch nach diesem ganz und gar seltsamen Gespräch mit Klaus Willmann war ich mir nun sehr sicher, dass es stimmte, was jemand hastig mit schwarzem Filzstift darauf gekritzelt hatte. Ich faltete das Papier auseinander und las zum tausendsten Mal die vier Worte, die alles für immer veränderten: DEIN VATER WURDE ERMORDET!

Der wilde Willkommensabend

Die festgelegten Praktikumsphasen im Europäischen Parlament dauern grundsätzlich drei Monate und beginnen dementsprechend vier Mal im Jahr. Das hat für die Parlamentsverwaltung den praktischen Vorteil, dass alle neuen Praktikanten ihre Stellen am gleichen Tag antreten, wodurch das ganze Unterfangen deutlich einfacher geplant und strukturiert werden kann. Und weil Europa tatsächlich voll von aufstrebenden jungen Nachwuchstechnokraten ist, die zwar dafür sterben würden, ein Praktikum bei der EU zu machen, aber leider keinen blassen Schimmer davon haben, dass der Europarat und der europäische Rat eben *nicht* dasselbe sind, gibt es zu Beginn erst mal eine Einführungswoche voller spannender Vorträge und Powerpoint-Folien für alle. Da soll man sich dann all das merken, was man in den letzten fünf Schuljahren nicht auf den Kasten bekommen hat, damit man nachher wenigstens dazu zu gebrauchen ist, Anrufer an den richtigen Ansprechpartner weiterzuverbinden. Und zwar bestenfalls in mindestens drei verschiedenen Sprachen. So viel zumindest zur Theorie.

Das Gute war, dass die Einführungsveranstaltung in einem riesigen Auditorium stattfand, das sonst für Pressekonferenzen benutzt wurde. Und weil dort eh ein ständiges Kommen und Gehen herrschte, fiel zum Glück niemandem auf, dass ich viel zu spät dort eintraf, nachdem ich mich erst mal auf der Toilette von meiner Begegnung mit Klaus Willmann erholt hatte. Niemand außer dem jungen Südländer zumindest, neben dem noch ein Platz frei war, weshalb ich mich dort hinsetzte.

»Wir sind aber spät dran«, raunte er und musterte mich mit einem liebevoll spöttischen Gesichtsausdruck. Ich mochte ihn sofort. »Ich bin Primiano«, fuhr er fort und hielt mir übertrieben förmlich die Hand hin. »Aber meine Freunde nennen mich Mia. Ist erstens die einzige anständige Abkürzung, die man aus diesem Negerschwanz von Namen herausgelutscht kriegt, und zweitens passt das auch viel besser zu mir.«

»Na dann«, erwiderte ich und schüttelte ihm die Hand. Fühlte sich deutlich besser an als bei Klaus Willmann. »Ich bin Max.«

»Weiß ich schon«, sagte er und grinste.

»Woher?«, fragte ich erschrocken.

»Wir wurden vorher alle namentlich aufgerufen. Und du warst der Einzige, der gefehlt hat. Außerdem siehst du deinem Vater viel zu ähnlich, um dich nicht zu erkennen.«

Schon das dritte Mal in nicht ganz vierundzwanzig Stunden, dass ich das hörte. Dabei fand ich wirklich nicht, dass unsere Ähnlichkeit so groß war. Ich war zum einen deutlich schlanker als mein Vater, der mit den Jahren ein bisschen aus dem Leim gegangen war. Außerdem hatte ich meine Nase eindeutig von meiner Mutter geerbt. Nur die aristokratisch gewellten braunen Haare und die dunklen

Augen hatte ich von ihm. Okay, und das Kinn. Und den Schwung der Augenbrauen. Und die vollen Lippen, meinetwegen, aber das war's dann auch.

»Na, toll!«, brummte ich mürrisch. »Hab schon gedacht, es hätte keiner gemerkt, dass ich zu spät bin.«

»Na ja, keiner oder achtzig. Wo ist da schon der Unterschied?«

Ich seufzte. »Hab ich sonst was Wichtiges verpasst?«, fragte ich.

»Wenn du schon wusstest, dass die Engländer, so Gott will, irgendwann im Lauf des Jahres das sinkende Schiff verlassen werden, dann eigentlich nicht. Außer natürlich …« Er machte eine dramatische Pause.

»Ja?«

»… dass heute Abend der große Willkommensumtrunk für uns tapfere Fleißbienchen stattfindet in der parlamentarischen Gesellschaft.«

»Hm«, machte ich.

»Hey, was ist?«, fragte Mia und zog eine seiner sorgfältig gezupften Augenbrauen nach oben. »Da kann man Freundschaften fürs Leben schließen. Ich war vor zwei Jahren schon mal als Praktikant hier, und so ziemlich das Einzige, an was ich mich aus der ganzen Zeit erinnere, ist der Willkommensabend.«

Ich ließ meinen Blick über unsere Mitpraktikanten schweifen, die in ihren schlecht sitzenden Anzügen oder kleinen Business-Kostümchen da saßen, verbissen guckten und praktisch jedes Wort mitstenographierten, das der Tutor vorne am Pult von seinem Skript ablas. Mit denen wollte ich nicht unbedingt Freundschaft schließen.

»Außerdem lässt sich wohl Klaus Willmann höchstpersönlich blicken, um uns gnädigst zu begrüßen«, fuhr Mia fort ohne zu ahnen, dass mich das echt nicht gerade wilder darauf machte, heute Abend dorthin zu gehen.

»Ich weiß nicht«, sagte ich. »Ich glaube, ich gehe lieber alleine in den Park und lese ein Buch.«

»Okay, mein Süßer, jetzt hör mir mal gut zu.« Er sah mich ernst an. »Dieser Rat ist noch umsonst, der nächste kostet. Aber Brüssel ist ein Dorf, okay? Und hier wird sehr genau registriert, wer sich einfügt und wer nicht. Von den Tutoren, aber eben auch von deinen Mitpraktikanten. Irgendwann kommt der Tag, an dem du Hilfe brauchst. Und dann ist es immer besser, wenn du weißt, wen du anrufen kannst.«

Da hatte der gute Primiano durchaus einen wunden Punkt getroffen. Denn die Wahrscheinlichkeit, dass ich schon ziemlich bald irgendeine Art von Hilfe brauchen würde, war tatsächlich gar nicht so gering.

»Na gut«, seufzte ich. »Ich komme.«

Nachdem ich mir bis nachmittags um fünf lauter Zeug über die EU angehört hatte, das ich eh schon wusste, fühlte ich mich todmüde. Also legte ich mich, nachdem ich nach Hause gekommen war, erst mal auf die Couch und nahm mir vor, für ein paar Minuten die Augen schließen. Doch als ich sie das nächste Mal öffnete, was es kurz nach elf. *Scheiße!*, dachte ich. *Du hast den Empfang verpasst.*

Ich griff nach meinem Handy, auf dem eine SMS von Primiano leuchtete. ›Wo bleibst du? Ein paar der Jungs kommen noch mit zu mir. Und wehe, du kreuzt nicht auch noch auf!‹

Durch die immer noch in der Wohnung stehenden Hitze und den viel zu langen Mittagsschlaf fühlte ich mich so benommen, dass ich das Handy am liebsten unters Sofakissen gesteckt, mich umgedreht und einfach weitergepennt hätte. Doch dann fielen mir Mias mahnende Worte über nützliche Freundschaften ein. Also quälte ich mich auf die Beine und erfrischte mich im Bad mit einem Schwall kalten Wassers und ein paar großzügigen Sprühstößen aus einer der vielen Parfümflaschen meines Vaters. Dann machte ich mich auf die Socken.

Leider wartete dieses Mal keine schwarze Limousine vor der Tür auf mich, deshalb winkte ich ein Taxi heran, nannte dem Fahrer die Adresse, die Mia mir durchgegeben hatte, und ließ mich schon kurz darauf ein paar Straßen weiter wieder absetzen.

»Wow!«, flüsterte ich, als ich den vergoldeten Klingelknopf drückte. Ich war eigentlich der Meinung gewesen, dass meine Unterkunft schon ungewöhnlich edel war für einen Praktikanten. Doch das Haus, in dem Mia wohnte, war mindestens genauso prächtig wie das, in dem die Wohnung meines Vaters lag. Betonung auf mindestens.

»Wohnst du alleine hier?«, fragte ich ihn, als er mir beschwipst und beschwingt die Wohnungstür öffnete.

»Ich weiß, was du sagen willst«, winkte er aber nur mit einer Champagnerflöte in der rechten Hand ab, während er mich mit der Linken am Arm packte und durch die Tür zog. »Was soll ich machen? Meine Mutter ist eine Hure. Aber eine verdammt teure. Und jetzt raus aus deinen spießigen Klamotten!«

Er stellte sein Glas auf einem marmornen Beistelltisch

ab, zog mir mit einer geübten Bewegung mein Sakko aus, das ich schon den ganzen Tag angehabt hatte, und warf es in hohem Bogen hinter sich. Und erst, als er dann auch noch damit anfing, mir mein Hemd aufzuknöpfen, fiel mir auf, dass Mia selbst zwar noch ein Oberteil trug. Aber dafür keine Hose mehr.

»Was ist das denn hier für eine Party?«, fragte ich erschrocken. Ich machte instinktiv einen Schritt zurück und musste dem Impuls widerstehen, die beiden Knöpfe direkt wieder zuzumachen, die Mia mir gerade geöffnet hatte.

Doch er verdrehte nur die Augen. »Jetzt sag mir bitte nicht, dass der Sohn spießiger ist als der Vater, Gott hab ihn sehr selig.« Er küsste seine Faust und reckte sie kurz in Richtung Stuckdecke. »Stell dir vor, wie traurig der auf seiner Wolke sitzt, wenn er sieht, dass der Junior sich die Chance auf eine astreine Orgie entgehen lässt!«, sagte er dann und funkelte mich grinsend an.

»Solche Sprüche finde ich wirklich nicht besonders witzig«, presste ich gereizt zwischen den Zähnen hervor.

»Na, dann zwing mich nicht, damit weiterzumachen«, gab er unbekümmert zurück. Schon nahm er mich wieder an der Hand und zog mich durch eine geöffnete Doppelflügeltür ins Wohnzimmer.

Ich traute meinen Augen kaum, denn die Szenerie, die sich mir bot, wirkte wie aus einem lüsternen, homoerotischen Videoclip! Knapp dreißig Kerle, von denen mir ungefähr die Hälfte vage aus der Einführungsveranstaltung bekannt vorkam, hielten sich in dem großen Raum mit dem stattlichen Kronleuchter auf, und die wenigsten von ihnen hatten noch besonders viel an. Stattdessen tanzten ein paar der Jungs engumschlungen zur altmodischen Bluesmusik, die aus den großen Boxen drang, während mehrere andere in einem unübersichtlichen Pulk aus halbnackter Haut auf der Sofalandschaft herummachten. Die restlichen hatten sich in kleinen Grüppchen über den Raum verteilt und unterhielten sich sehr angeregt, während sie beiläufig aneinander herumfummelten. Als wäre das hier die normalste Art der Welt, seine neuen Kollegen kennenzulernen.

»Sind die alle schwul?«, fragte ich ungläubig. »Das ist mehr als die Hälfte des ganzen Jahrgangs!«

Mia lachte laut auf. »Glaub mir«, kicherte er. »Die EU ist das größte Schwulennest, das du dir vorstellen kannst. Ich hab auch mal ein paar Monate im Vatikan hospitiert, aber mein Arsch hat noch nie so gebrannt wie nach meinen ersten drei Monaten hier in Brüssel! Apropos, siehst du den stolzen Wikinger da hinten?« Er zeigte auf einen ungefähr zwei Meter großen Schrank von einem Kerl, der nach hinten gegelte rotblonde Haare und einen schönen, gepflegten Vollbart hatte. Er war ungefähr Mitte zwanzig und trug nichts mehr außer einem Slip von Calvin Klein, unter dem sich eine verdammt dicke Beule abzeichnete. »Der hat mich vorhin schon gefickt, auf dem Klo der parlamentarischen Gesellschaft. Und er war ziemlich gut.« Ich schluckte und räusperte mich. »Na, wird die Hose langsam ein bisschen eng?«, fragte Mia, der wieder den gleichen spöttischen Blick drauf hatte wie schon am Vormittag. »Wollen wir sie nicht doch lieber ausziehen?«

Unschlüssig stand ich da und ließ meinen Blick über diese Versammlung schweifen. Es lag eine ganz deutliche sexuelle Stimmung in der Luft, wie die drückende Schwüle kurz vor einem Gewitter. Und es war klar, dass sich hier auch gleich noch etwas entladen würde. Oder jemand.

»Ich hole dir erstmal einen Drink«, sagte Primiano und klopfte mir dabei gönnerhaft auf die Schulter. »So lange kannst du ja blöd hier rumstehen und dich fragen, ob du uns mit deinem adligen Schwanz beglücken willst oder dir doch zu fein bist für das hier.«

Damit ließ er mich stehen und wollte sich eigentlich einen Weg zur üppig bestückten Hausbar am anderen Ende des Raumes bahnen, doch schon nach ein paar Metern packte ihn ein osteuropäisch aussehender Bursche am Arm, zog ihn zu sich und begann, ihn heftig zu küssen. Mia warf mir noch schnell einen Blick über die Schulter des anderen zu und machte dabei eine einladende Handbewegung in Richtung Bar, was wohl so was wie *Bedien dich einfach!* heißen sollte. Dann widmete er sich voll und ganz seinem blonden Verführer.

Kurz überlegte ich, ob ich einfach wieder gehen sollte. Diese Zusammenkunft hier war mir nicht geheuer, und vor allem war ich einfach nicht *so ein Junge*. Einer von denen, die sich durch ihr gesamtes Leben vögelten. Der Dreier mit den beiden Möbelpackern war verdammt geil gewesen, aber Erlebnisse wie dieses würden eine Ausnahme bleiben. Oder?

Ich seufzte über mich selbst, weil ich mich einfach nicht dazu durchringen konnte, mich zur Tür zu drehen und nach Hause zu fahren. Die Stimmung, die hier in der Luft lag, war einfach zu verführerisch. Nur mal kurz zu schauen, was hier gleich noch passieren würde, kostete ja nichts, dachte ich mir. Und wenn ich schon wartete, konnte ich mir dabei auch einen Drink genehmigen, oder? Ich machte mich also auf den Weg zur Bar und lief dabei einen extra großen Bogen an der Wand entlang, um genügend Abstand zu den anderen zu halten, damit mich niemand einfach abgreifen und für seine Zwecke benutzen konnte, wie es gerade mit Mia geschehen war.

Nachdem ich es tatsächlich geschafft hatte, unbegrapscht beim Alkohol anzukommen, wandte ich mich ein bisschen widerwillig vom Geschehen im Raum ab, um Mias Schnaps-Auswahl zu studieren. *Perfekt!*, dachte ich, als ich nicht nur meinen Lieblingsgin, sondern auch Eis und gekühltes *Tonic Water* entdeckte. Ich fing gerade an, mir meinen Drink zu mixen, als sich mir eine Hand auf die Schulter legte und ich spürte, wie sich jemand ganz nah an mein Ohr beugte.

»Du fällst unangenehm auf«, flüsterte mir eine tiefe, samtige Stimme ins Ohr.

Ich drehte mich zur Seite und erblickte einen schönen Jüngling, der ziemlich genau in meinem Alter sein musste, vielleicht sogar ein kleines bisschen jünger. Er hatte die Hautfarbe von Espresso mit einem guten Schuss Milch, kurz rasierte Haare und ein sehr schönes, sanftes Gesicht mit großen dunklen Augen. Außerdem war er sehr schlank, was ich leicht erkennen konnte, weil er wie die meisten anderen nur noch seine Unterhose trug.

»Ach ja?«, antwortete ich so unbeeindruckt wie möglich. »Und warum falle ich auf?«

»Weil du als Einziger noch deine Klamotten anhast.« Der schöne Unbekannte sagte das weder auf eine vorwurfsvolle, noch auf eine besonders verführerische Art. Er stellte es einfach fest.

»Bisher hat sich noch niemand bei mir beschwert«, erwiderte ich. »Oder tust du das gerade?«

Er grinste und zuckte mit den Schultern. »Du hast nicht nur das Aussehen von deinem Vater, sondern auch seine Bockigkeit«, sagte der Fremde.

»Du kanntest ihn?«, fragte ich und ärgerte mich über mich selbst, weil das deutlich aufgeregter geklungen hatte, als es von mir beabsichtigt worden war. Ich wandte mich schnell wieder der Hausbar zu und konzentrierte mich darauf, meinen Drink zu mixen.

»Ich nehme auch einen«, sagte der andere. »Und ja, ich kannte ihn. Wenn auch nicht besonders gut.«

»Da sind wir schon zwei«, erwiderte ich, hielt ihm den gerade fertiggewordenen Gin Tonic hin und machte mich daran, mir einen zweiten zu mischen. »Mit wem habe ich denn das Vergnügen?«, fragte ich, als ich damit fertig war und meinem neuen Bekannten damit zuprostete.

»Ist es das denn?«, fragte der. »Ein Vergnügen?«

»Bisher ist es zumindest nicht kein Vergnügen«, antwortete ich und nahm einen großen Schluck meines eiskalten Getränks.

»Apropos Vergnügen«, sagte mein Gegenüber und deutete in Richtung Zimmermitte.

Mia hatte seinem osteuropäischen Tanzpartner die Unterhose heruntergezogen und dessen steifen Schwanz sowie ein paar ordentliche Bullenklöten freigelegt. Jetzt machte er sich gerade daran, in Zeitlupe auf die Knie zu gehen und leckte dem anderen dabei genüsslich über den verschwitzten Oberkörper. Offenbar waren mein namenloser Trinkkumpan und ich nicht die Einzigen, denen aufgefallen war, dass es jetzt wohl langsam zur Sache gehen würde. Denn nach und nach verstummten die ganzen angegeilten Gespräche und die Blicke der anwesenden Jungs richteten sich auf die kleine Peep-Show, die gerade erst begonnen hatte.

Mia war inzwischen auf den Knien angekommen und knöpfte langsam sein Hemd auf, das er danach abstreifte, sodass er jetzt ebenfalls nur noch seinen engen Slip trug. Nun war ich wirklich der Einzige im ganzen Raum, dessen Oberkörper noch bedeckt war, und langsam kam ich mir deswegen tatsächlich komisch vor. Doch glücklicherweise achtete gerade absolut niemand auf mich.

Der osteuropäische Bulle blickte kurz in die Runde, um sicherzugehen, dass er die gesamte Aufmerksamkeit der versammelten Mannschaft genoss. Dann spuckte er sich in die rechte Hand, während er sich mit der linken die Vorhaut zurückzog. Dabei legte er eine fette Eichel frei, die auch ohne die extra Spucke schon so feucht und verlockend glänzte, dass ich mir eingestehen musste, dass ich jetzt selber gerne vor ihm knien würde, um dieses pralle Ding gleich in den Rachen geschoben zu kriegen. Doch zuerst war der Gastgeber an der Reihe. Der öffnete jetzt seinen Mund und streckte die breite Zunge nach vorne. Der Bulle, der gerade noch damit beschäftigt gewesen war, seine Schwanzspitze einzuspeicheln, packte seinen Kolben darauf am Schaft und ließ ihn mit einem saftigen Klatschen auf Mias Zunge knallen. Ein Raunen ging durch die Menge, und ich konnte sehen, wie einige der anderen Kerle begannen, sich sanft über die Schwanzbeulen in ihren Slips zu streichen.

Mia hatte die Augen geschlossen und leckte an der glänzenden Eichel wie an einem fetten, geilen Lolly. Der Kerl murmelte irgendwas in einer Sprache, die ich am ehesten als Tschechisch einordnete, dann packte er Mia an beiden Segelohren, und schob ihm den kompletten dicken Prügel in den Mund.

»Dafür sind die also gut«, bemerkte mein unbekannter Bekannter neben mir und nahm einen weiteren Schluck von seinem Drink.

Der Tscheche schob sein Becken immer weiter nach vorne, in einer langsamen, aber unerbittlichen Bewegung, ohne zu zögern, bis zum Anschlag. Ich spürte ein Kratzen im Hals, als ich das sah, denn mich hätte dieses Teil sicher sofort zum Würgen gebracht. Doch Mia zuckte nicht einmal. Bis auf seine rechte Hand, die nun begonnen hatte, sich den eigenen Schwanz im engen Slip zu kneten, blieb er ganz ruhig. Der blonde Ficker öffnete nun seinen Mund und ließ einen dicken, zähen Spuckfaden von seiner herausgestreckten Zunge bis zu Mias Nasenspitze herunter. Und als der dort angekommen war, begann er, die Spucke grob über dessen Gesicht zu schmieren.

»Geil«, entfuhr es mir unwillkürlich. Das brachte mir einen schwer zu deutenden Blick meines Gesprächspartners ein. Doch es war mir scheißegal. Ich schaute wieder nach vorne, wo der Tscheche nun begonnen hatte, sein Becken in kreisenden Fickschüben zu bewegen. Mias Augen waren immer noch geschlossen, deshalb konnte er nicht sehen, dass nun einer der anderen Jungs von der Couch aufstand, sein Glas auf einem Regal abstellte und scheinbar beiläufig zu den beiden Vögelnden schlenderte.

Es war ein bulliger Mitteleuropäer mit braunen Locken, und während er so auf die beiden zuging, knöpfte er sich die Knöpfe seiner engen Boxershorts auf und ließ wie einen gefällten Baum einen dicken, beschnitten Kolben herausknallen. Er stellte sich zu ihnen, griff nach Mias Arm und legte dessen Hand auf sein Teil. Ohne nachzusehen, wessen Schwanz ihm da hingestreckt wurde, begann Mia das Ding zu wichsen, und ich beobachtete fasziniert, wie der bullige Kerl betont beiläufig und doch bestimmt versuchte, den Tschechen etwas zur Seite zu schieben, damit der Mias schwanzhungriges Maul freigab. Der tat dies schließlich, und Mia öffnete endlich seine Augen. Nun blickte er doch nach oben, und er schien zufrieden mit dem zu sein, was er sah. Denn er griff nun nach den beiden Schwänzen, die sich ihm entgegenstreckten, und begann, sie sanft zu wichsen. Dabei drückte er sie an den Eicheln aneinander, damit er sie beide gleichzeitig lecken konnte.

Zwei weitere Typen standen auf und befreiten ebenfalls ihre Ständer aus ihren Hosen, während sie auf Mia zukamen. Der schien das schon erwartet zu haben und lehnte sich nun kniend etwas zurück, um das geile Schwanz-Buffet, das sich ihm bot, besser betrachten zu können. Dann öffnete er einfach seinen Mund und ließ es die Jungs untereinander ausmachen, wer nun als Nächstes in den Genuss kommen sollte, seinen Steifen in diesem hungrigen Rachen zu versenken.

Unwillkürlich wanderte jetzt auch meine Hand in meinen Schritt, und ich begann, mir abwesend über meinen längst ebenfalls knallharten Prügel zu streicheln. Inzwischen standen knapp zehn Typen in einem engen Halbkreis um Primiano, die sich alle ihre Schwänze wichsten, sie ihm übers Gesicht zogen, und sich spielerisch darum balgten, derjenige sein zu dürfen, der ihm als Nächster sein Teil ins Maul schieben darf. Und ich wollte einer von ihnen sein. Alles andere war mir in dem Moment egal. Also trank ich in einem Zug mein Glas aus, stellte es hinter mir auf die Bar, ignorierte den vorwurfsvollen Blick des namenlosen Jünglings neben mir, und machte mich auf ins Geschehen.

Als Mia mich kommen sah, grinste er. Dann schob er die Kerle, die sich um ihn drängten, etwas zur Seite, damit ich mich genau vor ihn stellen konnte. Gut so. Während er mir die Anzugshose öffnete, spürte ich mehrere Hände auf meinem Oberkörper, die an meinem Hemd auf und ab fuhren, meine Bauchmuskeln prüften, mich durch den dünnen Stoff in die Nippel kniffen und dann endlich ungeduldig begannen, gleichzeitig von oben und von unten die Knöpfe zu öffnen. Wenige Sekunden später war ich ausgezogen und stand jetzt nackt zwischen den schwitzenden Leibern, während Mia mir den intensivsten Blowjob verpasste, den ich in meinem ganzen Leben bekommen hatte. Es fühlte sich unglaublich gut an, und die ganzen fremden Hände, die immer fordernder über meinen Körper fuhren, machten mich so geil, dass ich mich beherrschen musste, der kleinen schwarzhaarigen Drecksau nicht auf der Stelle in ihr kleines süßes Maul zu spritzen.

Doch dazu sollte es so schnell nicht kommen, denn als ich ihn gerade an den Ohren packen wollte, um ihm ebenfalls einen anständigen Rachenfick zu verpassen, bahnte sich plötzlich der Wikinger einen Weg durch die Menge, hob Mia vom Boden auf, als ob der so leicht wäre wie ein

Blatt Papier, und trug ihn in Richtung Esstisch. Dort warf er ihn unsanft auf die Tischplatte, griff mit beiden Händen nach dem Slip des armen Jungen und riss erbarmungslos den Stoff auseinander. Dann packte er Mia an den haarlosen Oberschenkeln und drehte den dünnen Kerl auf den Rücken. Er zog ihn zu sich an die Tischkannte, und hielt seine Beine in die Höhe wie Streichhölzer, sodass Mias braungebrannter kleiner Arsch jetzt einladend auf den dicken Wikingerkolben wartete, den der ihm nur eine Sekunde später bis zum Anschlag reinschob. Mia jaulte auf, doch sein Schlampenmaul wurde ihm gleich mit einem weiteren Schwanz gestopft, denn die ganzen Typen, waren den beiden gefolgt und hatten sich nun um den Tisch verteilt, wo sie johlend kommentierten, wie sehr es die kleine Sau offenbar liebte, beide Löcher gleichzeitig gestopft zu kriegen. Der Wikinger brauchte nicht lange. Noch ein paar Fickstöße, die so heftig waren, dass er damit fast den ganzen Tisch durchs Zimmer bumste, dann brüllte er so laut auf, als hätte ihn eine Streitaxt getroffen, und verharrte danach völlig regungslos, während er zum zweiten Mal an diesem Abend seinen Bullensaft in den kleinen stoßfesten Arsch der italienischen Nutte pumpte. Als er seinen Kolben schließlich aus dem Loch zog, landete ein zäher Tropfen Wichse aus Mias Arsch auf dem Boden, und das klatschende Geräusch, das der dabei machte, jagte mir einen weiteren Schauer der Geilheit über den Rücken. Mir war jetzt alles egal. Ich wollte einfach nur ficken. Also lief ich auf Mias frisch aufgebohrtes Arschloch zu und schob dabei einen Engländer zur Seite, der ebenfalls auf die Idee gekommen war, den Gastgeber als Nächster zu knallen. Er protestierte, als ich ihn unsanft wegdrängte, doch ich scherte mich nicht darum. Der hätte in Brüssel bald sowieso nichts mehr zu melden. Ich stellte mich vor den süßen kleinen Arsch, und weil Mia immer noch auffordernd seine Beine in die Höhe streckte, konnte ich das pinke Loch sehen, aus dem gerade der nächste Tropfen Wikingersaft sickerte. Doch den ließ ich nicht auf den Boden klatschen. Stattdessen fing ich ihn mit der Schwanzspitze auf und fickte ihn direkt wieder dahin, wo er hergekommen war.

Eine ganze Zeit später lag ich nackt auf dem Boden, und mein Kopf ruhte auf dem klebrig feucht geschwitzten Schenkel irgendeines Kerls, während ein anderer sein Gesicht auf meinem Bauch gebettet hatte und versonnen mit meiner linken Brustwarze spielte. Ich blickte zur Decke und versuchte, mich Stück für Stück an alles zu erinnern, was ich in den letzten Stunden erlebt hatte. Doch vor meinem inneren Auge huschten nur verschwommene Szenen aus viel nackter Haut, harten Schwänzen und dem stöhnenden Primiano vorbei, der immer noch völlig erschöpft auf dem Esstisch lag, und der inzwischen die Sahne von zwanzig Typen in und auf sich hatte. Ich schämte mich fast ein bisschen, aber ich beneidete ihn darum. Das war der geilste Abend meines Lebens gewesen. Und eigentlich sah ich keinen Grund, warum mir das peinlich sein sollte. Und warum ich das nicht bald wiederholen sollte.

»Wie spät ist es?«, fragte irgendwo hinter mir eine heisere Stimme.

»Kurz vor drei«, kam die Antwort aus einer anderen Ecke des Raumes.

»Und wann müssen wir morgen wieder im Parlament sein?«, fragte ein Dritter.

Anstatt zu antworten, kicherte irgendwo einer blöde vor sich hin. Und ein paar Sekunden später prusteten wir alle laut los.

Mia bot uns allen an, noch bei ihm zu duschen. Doch ich war hundemüde, und ich wollte einfach nur nach Hause. Also stieg ich immer noch ganz feucht von Schweiß und Sperma in mein Hemd und meine Hose, zog mein Sakko unter dem Klamottenstapel in der Eingangshalle hervor und verabschiedete mich noch einmal von Mia, indem ich dem selig vor sich hindösenden Flittchen einen ordentlichen Klaps auf den geschundenen Arsch verpasste. Dann verließ ich das Gebäude und entschied mich, nach Hause zu laufen. Waren ja nur ein paar Straßen, und die Luft fühlte sich gerade zum ersten Mal seit meiner Ankunft in dieser Stadt frisch und kühl an.

Doch nach ein paar Metern blieb ich stehen, weil mir plötzlich etwas einfiel. Panisch griff ich in die Brusttasche meines Sakkos, aber der Zettel war noch da. Gott sei Dank! Ich atmete beruhigt durch, und ging ein paar Schritte weiter, doch einem seltsamen Impuls folgend hielt ich unter der nächsten Straßenlaterne an und zog das Papier aus der Tasche. Ich faltete es auseinander, schaute es an und plötzlich war mir eiskalt. Es war immer noch die gleiche Schrift, da war ich mir sicher, und es muss auch der gleiche schwarze Filzstift benutzt worden sein. Doch die Worte waren nicht mehr die gleichen. Stattdessen stand da jetzt: DU BIST WIE DEIN VATER. EIN SCHWEIN.

Nächtlicher Sport

Die nächsten Tage verbrachte ich weiter damit, mir in der Einführungsveranstaltung lauter Zeug erzählen zu lassen, das ich eh schon längst wusste. Wie schon am ersten Tag saß ich dabei neben Mia, der den echt geilen, aber gleichzeitig auch irgendwie seltsamen Abend in seiner Wohnung mit keinem Wort mehr erwähnt hatte. Entweder war ihm die ganze Sache im Nachhinein auch etwas peinlich, oder – und das hielt ich für deutlich wahrscheinlicher – waren Orgien wie diese für ihn schon etwas so Normales geworden, dass er nicht das Bedürfnis verspürte, im Nachgang noch mal alles durchzukauen.

Ich war froh, dass ich die Organisationsstruktur dieser blöden EU schon in- und auswendig kannte, denn so musste ich nicht aufpassen, was der Tutor uns mit seinen viel zu komplizierten Powerpoint-Folien erzählte, sondern konnte mich auf meine Gedanken darüber konzentrieren, welcher von Mias Gästen mir während unseres kleinen Fickfests den neuen Zettel in mein Sakko geschmuggelt hatte. Ich hatte den kompletten Montag schon hundert Mal in Gedanken durchgespielt und mich gefragt, ob der Austausch der beiden Blätter auch schon vorher hätte passiert sein können. Doch nach meinem Gespräch mit

Willmann hatte ich den ursprünglichen Zettel ja noch gehabt. Und bis zur Orgie am Abend hatte ich das Sakko kein einziges Mal unbeaufsichtigt gelassen.

Während der Veranstaltung ließ ich immer wieder meinen Blick über das Auditorium schweifen und versuchte, mich zu erinnern, wer von den ganzen gestriegelten Nachwuchs-Karrieristen bei Mias Sause dabei gewesen war. An den Wikinger konnte ich mich natürlich erinnern, und auch den Tschechen hatte ich schnell erspäht. Ansonsten hatte ich noch sieben weitere sichere Treffer auf meiner Liste, die ich heimlich in mein Handy tippte, sodass Mia es nicht sehen konnte. Aber dann wurde es schon deutlich schwieriger. Bei einem ganzen Haufen der anderen Kerle in unserem Jahrgang war ich mir *relativ* sicher, dass die auch da gewesen waren. Aber ich konnte es eben nicht beschwören. Dafür wusste ich andererseits ganz genau, wer in unserem Vorbereitungskurs fehlte.

»Sag mal, Mia«, flüsterte ich am dritten Tag möglichst beiläufig, während vorne am Pult gerade eine dürre Slowakin die eher kümmerlichen Errungenschaften des Ministerrates zu preisen versuchte.

»Sind alle Typen, die am Montag auf deiner … Party waren, hier aus dem Kurs?«

»Alle bis auf den hübschen Mulatten, mit dem du dich so gut unterhalten hast«, antwortete der und hatte schon wieder dieses süffisante Grinsen im Gesicht. »Darauf wollten wir doch hinaus, oder?« Ich lächelte verlegen, weil ich offenbar wirklich viel zu leicht zu durchschauen war. Das musste ich mir dringend abgewöhnen, wenn ich in dieser Stadt überleben wollte, sagte ich mir. Doch schon wenige Sekunden später bot mir Mias Klatschsucht eine unverhofft gute Chance. »Wir finden ihn ein bisschen süß, was?«, raunte er und grinste, als hätte er mich dabei ertappt, wie ich dem Ratspräsidenten die Plätzchen klauen wollte.

Ich nahm den Ball dankbar auf und guckte jetzt noch ein bisschen verlegener, als ich eh schon war. »Äh, ja. Schon«, log ich. Denn in Wahrheit hatte ich den Typen überhaupt nicht süß gefunden. Sondern eher nervtötend und bei genauerer Betrachtung auch irgendwie verdächtig. Deshalb wollte ich ja auch unbedingt mehr über ihn erfahren. »Der war irgendwie so … süß«, schob ich widerwillig hinterher, um mein falsches Verlangen noch deutlicher zu machen.

»Ist er auch«, seufzte Mia verständnisvoll. »Und er fickt gut. Deshalb lade ich ihn auch immer wieder zu meinen *Festivities* ein, obwohl er eigentlich unter unserer Würde ist.«

Er sah mich an, und mir wurde klar, dass er erst weitersprechen würde, nachdem ich nachgefragt hatte. »Wieso das denn?«, tat ich ihm also den Gefallen.

»Der ist der Sohn einer Putzfrau«, erklärte Mia nun mit einigem Schaudern in der Stimme.

Na ja, dachte ich. *Und du bist der Sohn einer Hure. Also wirf mal nicht mit zu großen Steinen durchs Glashaus.*

»Seine Mutter hat ihn quasi hier im Parlament großgezogen, während sie Tag für Tag und Nacht für Nacht die Gänge wischte, wie ein unermüdliches Bienchen«, fuhr er dramatisch fort. »Und er selbst arbeitet jetzt als Hausmeister hier. Oder so ähnlich. Irgendwie fast romantisch, oder? Als ob er so eine Art Phantom der Oper wäre.«

»Ja, total romantisch«, stimmte ich eifrig zu. »Sag mal, du hast nicht zufällig seine Nummer, oder?« Mir war klar, dass das ein plumper Versuch war. Und eigentlich hatte ich auch gar keine Ahnung, was ich mit der Nummer anfangen sollte, sobald ich sie erst einmal hatte. Den Kerl anrufen und fragen: »Hey, bist du derjenige, der mir ständig komische Zettel über den Tod meines Vaters zusteckt?« Eher nicht, oder?

Doch Mia kam mir sowieso zuvor: »Da muss ich ihn aber erst fragen, ob ich die einfach so rausgeben darf. Datenschutzgrundverordnung und so, du weißt schon.«

»Äh ja, klar«, sagte ich. »Dann frag ihn mal.«

An diesem Abend lag ich wieder einmal auf der Ledercouch meines Vaters, schwitzte vor mich hin und machte mir dabei trübsinnige Gedanken. Ich war mehr und mehr der Meinung, dass es eine Schnapsidee gewesen war, nach Brüssel zu kommen. Die Stadt an sich war zwar tatsächlich lange nicht so übel, wie ich sie mir immer ausgemalt hatte, und in Mia hatte ich sogar schon so was Ähnliches wie einen Freund gefunden, doch meinem eigentlichen Ziel, mehr über die Todesumstände meines Vaters herauszufinden, war ich noch keinen einzigen Schritt näher gekommen. Wie denn auch? Ich hätt mich ohrfeigen können dafür, dass ich so naiv gewesen war. Hatte ich wirklich geglaubt, ich müsste nur hier aufschlagen, kurz warten und die Frage, ob Papa tatsächlich umgebracht wurde, würde sich quasi von selbst beantworten? Falls es tatsächlich jemand drauf angelegt hatte, den Präsidenten des Europäischen Parlaments zu töten, war der sicher schlau genug gewesen, seine

Spuren zumindest so weit zu verwischen, dass ich nicht nach einem halben Tag des Nichtstuns darauf stoßen würde! Und ich musste ein Idiot gewesen sein, irgendwas anderes zu vermuten.

Doch immerhin hatte ich diesen neuen Zettel bekommen. Und das bedeutete ja wohl, dass irgendjemand mir damit etwas sagen wollte. Na ja, oder sich einen saudummen Scherz erlaubte. Aber das glaubte ich nicht, denn dieser jemand musste ja auch in Brüssel sein, genauer gesagt, war er auf Mias kleiner Orgie gewesen. Und ihm musste die Sache wichtig sein, sonst hätte er nicht die Gefahr auf sich genommen, mir die zweite Botschaft unterzujubeln und dabei erwischt zu werden. Nur, die Beleidigung, die er darauf gekritzelt hatte, machte einfach keinen Sinn. Zumindest brachte sie weder mich noch ihn einen Schritt weiter, oder?

Ich seufzte, weil mich das Nachdenken bei diesen Temperaturen anstrengte, und weil sich meine Gedanken seit Tagen sowieso nur im Kreis drehten. Bei der Frage, wer mir den Zettel bei Mia zugesteckt hatte, kam ich jedenfalls nicht weiter, zumindest nicht ohne jeden einzelnen der Anwesenden einem Verhör zu unterziehen. Und das war natürlich komplett unrealistisch. Also abhaken und hoffen, dass der patzige Unbekannte sich noch einmal bei mir meldete.

Und sonst? Die Wohnung meines Vaters (die ja inzwischen meine Wohnung war, auch wenn ich das immer noch nicht richtig begreifen konnte), hatte ich nun schon drei Mal auf den Kopf gestellt. Doch außer noch mehr Kondomen und ein paar langweiligen Akten mit längst beschlossenen Gesetzesentwürfen hatte ich nichts gefunden, was mich irgendwie weitergebracht hätte.

Mein Handy vibrierte. Eine SMS von Mia: ›Tut mir leid, mein geliebter *Tedesco*, das Phantom der Oper will seine Nummer für sich behalten. Ist wohl leider nicht interessiert.‹ Er setzte noch einen traurigen Smiley dahinter, von dem ich mir aber auch nichts kaufen konnte.

»Eingebildeter Idiot«, murmelte ich, dann warf ich das Handy in hohem Bogen auf den Fernsehsessel. Ich sah auf die Uhr. Kurz nach elf, aber ich war noch kein bisschen müde. Da fiel mir ein, dass es im Parlament einen Fitnessraum für die Angestellten gab, den auch wir Praktikanten benutzen durften. Und der wäre ja wohl hoffentlich klimatisiert.

»Finden wir es heraus«, murmelte ich. Dann stand ich auf und suchte meine Sportsachen.

Der Fitnessraum im Keller des Parlamentsgebäudes war tatsächlich heruntergekühlt, und zwar mit dem gleichen Übereifer, mit dem die EU ihre gefürchteten Verordnungen erlässt. Es war arschkalt da drinnen! Selbst nach einer halben Stunde auf dem Laufband war ich immer noch leicht am Frösteln, und das Einzige, was mich einigermaßen warm hielt, war der Anblick eines der Kerle, die außer mir noch so spät hier trainierten.

Der Schöne war bestimmt einen halben Kopf größer als ich, durchtrainiert wie ein Superheld, und er hatte verstrubbelte braune Haare, einen schönen, kurzen Vollbart und leuchtend grüne Augen. Er sah britisch aus, aber auf die aristokratische Art und nicht wie ein Hooligan. Aus seinem tief ausgeschnittenen Trainingsshirt schaute dichte Brustbehaarung hervor, und das, was ihm da in seinen Shorts zwischen den Beinen baumelte, versprach ein außergewöhnlich langer Schwanz zu sein. Doch das Allerbeste an ihm war: Er schien genauso interessiert an mir zu sein wie ich an ihm. Jedenfalls sah er zwischen seinen Übungen immer wieder zu mir rüber, und nachdem er sich in die Beinpresse gesetzt hatte, nestelte er ganz schön lange in seinem Schritt herum, um seine Eier in die richtige Position zu bringen, während er mir dabei direkt in die Augen sah.

Ich grinste zu ihm rüber und wollte ihm gerade ein Zwinkern schicken, als plötzlich eine laute Stimme durch den Raum schallte: »Ey, Jeffrey! Siehst du nicht schon gut genug aus? Hör sofort auf zu trainieren, das ist uns normalen Typen gegenüber echt unverschämt!«

Sowohl der schöne Jeffrey als auch ich drehten sich zum Eingang, wo gerade ein untersetzter Glatzkopf in einem zu engen weißen Polohemd den Raum betrat. Er sah auch britisch aus, doch er besetzte leider das andere Ende der englischen Geilheitsskala. Er stapfte auf Jeffrey zu und an der Art, wie er ihm gönnerhaft auf die Schulter klopfte, war klar zu sehen, dass die beiden sich schon lange kennen mussten. Zwei Abgeordnete vielleicht? Dafür war mein schöner Jeffrey aber fast noch ein bisschen zu jung. Der lächelte gequält und erwiderte irgendwas, das ich nicht verstehen konnte. Aber es musste lustig gewesen sein, denn der Glatzkopf lachte herzhaft, packte meinen armen Bewunderer an den Schultern und führte ihn in einen Bereich des großen Raumes, wo ich die beiden nicht mehr anstarren konnte. Toll!

Ich verbrachte noch zwanzig Minuten auf dem Laufband, und obwohl ich danach eigentlich keine Lust mehr hatte, rang ich mich auch noch dazu durch, ein paar Liegestütze zu machen, bevor ich meine Sachen packen und zurück nach Hause spazieren würde. Und weil ich so auf meine Übung konzentriert war (und außer dem Boden direkt unter meiner Nasenspitze ja auch nicht viel sah), merkte ich zuerst gar nicht, wie sich jemand zu mir stellte und direkt neben mir in die Hocke ging.

»Darf ich deine Haltung korrigieren?«, fragte plötzlich eine schön tiefe Stimme mit einem sexy Oxford-Akzent ganz in der Nähe meines Ohrs.

»Nur zu«, erwiderte ich, weil ich ganz genau wusste, wem die gehörte. Und weil ich natürlich auch wusste, dass es an einer Liegestütze eigentlich nicht viel Haltung zu korrigieren gab, war mir sofort klar, was der Hintergrund dieses freundlichen Angebots sein musste.

Zwei Sekunden später legte sich eine angenehm schwere Hand auf meinen unteren Rücken, haarscharf über der Stelle, wo meine Arschritze begann.

»Du darfst mit dem Becken nicht zu weit nach unten gehen, verstehst du?«, sprach Jeffrey weiter. Nicht nur sein Akzent, sondern auch seine Satzmelodie sprachen ganz eindeutig für eine Herkunft aus der *Upper Class*. Und mein sozialdemokratisches Herz verübelte es mir ein bisschen, dass ich das rattenscharf fand. »Versuche, deinen Unterkörper nach oben zu drücken, gegen meine Hand«, sagte er nun.

Ich hatte lange genug Basketball in einem Förderteam gespielt, um zu wissen, dass diese Anweisung rein sportwissenschaftlich betrachtet ausgemachter Blödsinn war. Und genau deshalb befolgte ich sie nur allzu gern. Ich senkte meinen Oberkörper Richtung Boden und drückte gleichzeitig meinen Arsch in die Höhe, gegen das Gewicht der großen Pranke, die mich mit einiger Kraft nach unten zu drücken versuchte.

»So besser?«, fragte ich.

»Viel besser«, erwiderte Jeffrey, während seine Hand ein gutes Stück weiter nach links wanderte, also nach unten. Sie lag jetzt quer über meinem Arsch und drückte mich weiter gleichmäßig runter, während ich Liegestütz um Liegestütz machte. Ich war froh, dass ich eine enge Unterhose trug, die den Ständer, den ich inzwischen hatte, fest gegen meinen Oberschenkel presste. Denn ansonsten wäre es ziemlich möglich gewesen, dass mein Schwanz den Weg meines Beckens Richtung Übungsmatte ziemlich unmöglich gemacht hätte. Doch der Gedanke brachte mich auf eine Idee. Also hob ich meinen Blick vom Boden hoch und drehte mein Gesicht zu der Seite, wo mein schöner Brite neben mir in die Hocke gegangen war. Und meine Hoffnung wurde nicht enttäuscht: Jeffrey hatte sich genauso platziert, dass ich jetzt in die weiten Hosenbeine seiner kurzen Trainingsshorts schauen konnte. Und wie ich schon zuvor gemutmaßt hatte, trug er nichts drunter. Wie den Kopf einer Schlange konnte ich die unbeschnittene Spitze seines dicken Schwanzes sehen, die mir aus der Dunkelheit seiner Hose entgegenleuchtete. Ich schluckte. Dann schloss ich die Augen und saugte den animalischen Duft ein, den seine durchgeschwitzten Klöten ausströmten. Ich machte weiter meine Liegestütze, doch langsam konnte ich nicht mehr.

»Noch fünf«, sagte Jeffrey sanft, der bemerkt haben musste, dass mir langsam die Puste ausging. »Sehr schön«, lobte er mich für die nächsten beiden und zählte dann langsam herunter: »Drei … zwei … eins. Gut gemacht, Max.«

Ich ließ mich erschöpft und gleichzeitig erschrocken zu Boden fallen, drehte mich sofort zur Seite und sah ihn erstaunt an. »Du weißt, wer ich bin?«, fragte ich.

Doch er lächelte nur milde: »Jeder in diesem Gebäude weiß, wer du bist«, sagte er und ließ dabei schelmisch seine grünen Augen aufblitzen. Seine Hand lag immer noch auf meinem Körper, doch weil ich mich ja gedreht hatte, ruhte sie nun auf meiner Hüfte. Fühlte sich gut an.

»Hab schon gehört, dass Brüssel ein Dorf ist«, antwortete ich.

»Das Europaparlament ist schlimmer als ein Dorf.« Er zwinkerte. »Es ist wie eine Familie. Aber eine von der kaputten Sorte, in der jeder jeden hasst und man sich gegenseitig nur das Schlechteste wünscht. Wie bei Shakespeare.«

»Du scheinst ja keine sehr hohe Meinung von deinem Arbeitgeber zu haben«, sagte ich und konzentrierte meine ganze Willenskraft darauf, dem Kerl in die Augen zu schauen statt ins Hosenbein.

Er zuckte mit den Schultern. »Es ist eben wie in jeder Familie. Man kann sie hassen, so viel man will, aber man kommt einfach nicht von ihr los.«

Ein paar Sekunden sahen wir uns tief in die Augen, und nun kribbelten nicht nur meine Klöten, sondern auch mein Magen ein bisschen. Er lächelte wieder. Dann sagte er: »Ich muss langsam los. War schön, dich kennenzulernen, Max.«

Er nahm seine Hand von meiner Hüfte, aber nicht ohne wie zufällig über meinen Schwanz zu streichen, der sich trotz des engen Slips überdeutlich an meinem Schenkel abzeichnete. Wie gerne ich einfach in seine Hose gegriffen und seinen dicken Kolben gepackt hätte! Doch um uns waren immer noch einige andere Gäste des Fitnessraums. Und weil hier offenbar eh schon jeder wusste, wer ich war, musste ich mich wohl oder übel bemühen, nicht allzu viel öffentliches Ärgernis zu erregen.

»Also dann«, sagte Jeffrey und griff nach seinem Trainingshandtuch, das er neben sich auf den Boden gelegt hatte. »Pass auf dich auf.« Er stand auf und hielt es dabei wie zufällig vor seinen harten Kolben, während er sich auf den Weg zu den Umkleiden machte.

Ein paar Sekunden lang blieb ich noch auf dem Boden liegen und überlegte, ob ich es tatsächlich wagen sollte, doch dann dachte ich mir, dass ich es wahrscheinlich sehr bereuen würde, wenn ich nicht zumindest versuchte, an diesem Abend noch einen Treffer zu landen. Also stand ich auf und folgte Jeffrey in die Umkleide.

Der kleine Raum war leer, als ich ihn betrat, doch von den Duschen her konnte ich das Wasser rauschen hören. *Sehr gut*, dachte ich. Ich zog meine Klamotten aus, holte das große Handtuch und das Duschgel aus meiner Sporttasche und folgte dem verführerischen Plätschern. Doch als ich den europablau gekachelten Duschraum betrat, musste ich feststellen, dass es dort nicht aussah wie im Trainingszentrum meiner Basketballmannschaft, wo sich alle Jungs nackt in einem großen Raum tummelten. Im Europaparlament gab es natürlich vornehme Einzelkabinen mit blickdichten Vorhängen davor. Hätte ich mir ja denken können. Ich seufzte innerlich, doch dann sah ich, dass der Vorhang der einzigen Kabine, aus der ich das Wasser plätschern hörte, nicht ganz zugezogen war. Und der Spalt, der da (mit Absicht?) offen gelassen wurde, war gerade groß genug, um mir einen Blick auf Jeffreys nackten Rücken zu erlauben. Und auf seinen kugelrunden Arsch. Ich hielt den Atem an und beobachtete, wie er sich gerade das Shampoo aus den Haaren wusch, und sich danach langsam zu mir umdrehte. Er musste bemerkt haben, dass ich ihn beobachtete, denn sowohl er als auch sein Ständer wirkten nicht sehr überrascht, sondern blickten mich jetzt einladend an. Als ich noch kurz zögerte, nickte er kaum merklich und schob den Vorhang noch etwas weiter zur Seite. Also hing ich mein Handtuch an einen der Haken und stieg zu ihm unter das dampfend heiße Wasser.

Er sprach nicht, doch er lächelte ein Lächeln, das mich fast zum Schmelzen brachte. Dann schlang er seine starken Arme um mich und drückte mich an sich. Nicht nur unsere Schwänze, sondern auch unsere Oberkörper pressten sich jetzt aneinander, während gleichzeitig das Wasser auf uns prasselte. Es fühlte sich unglaublich schön an. Und unglaublich geil. Ich fühlte mich geborgen in Jeffreys Umarmung, und zwar so sehr, dass ich auf einmal fast losgeheult hätte. Er musste das erkannt haben, denn sein Lächeln wurde noch breiter und er flüsterte: »Ist schon gut, Max. Schön, dass du hier bist.« Dann küsste er mich. Auf die sanfteste, schönste Art, die ich mir nur vorstellen konnte.

Es war ein perfekter Kuss. Und seine weiche, warme Zunge in meinem Mund tat genau die richtigen Dinge. Unweigerlich musste ich daran denken, was diese Zunge wohl an anderen Stellen meines Körpers anstellen konnte. Und ich musste gar nicht lange warten, um es herauszufinden. Denn irgendwann löste Jeffrey sich aus unserer innigen Umarmung, drehte mich um und begann, sich seinen Weg von meinem Nacken über meinen Rücken bis zu meinem Hintern zu küssen. Ich hatte meine Augen zuerst geschlossen gehalten, doch als ich sie endlich öffnete, wollte ich ihnen zuerst gar nicht trauen. Vor mir in der Wand der Duschkabine entdeckte ich genau auf Schwanzhöhe ein Loch! Ein *Glory Hole* im Europaparlament? *Gut, dass das die Bildzeitung nicht weiß!*, dachte ich. Ich drehte mich überrascht zu Jeffrey um, der inzwischen hinter mir kniete und gerade dabei war, mit seinen schönen Lippen meinen Hintern zu liebkosen. Der blickte zu mir hoch und zwinkerte mir grinsend zu, während er gleichzeitig mit den Achseln zuckte. *Hab mich beim ersten Mal auch gewundert*, sollte das wohl heißen. Dann platzierte er seine Hände an meinen Hüften und drückte mich sanft, aber doch mit der ganzen Kraft seiner starken Arme nach vorne, sodass ich gar keine Wahl hatte als meinen steifen Schwanz durch das Loch in der Wand zu schieben, durch das er gerade so hindurchpasste.

Aber was ist, wenn jemand kommt?, dachte ich für einen Moment panisch. Doch schon eine Sekunde später dachte ich gar nichts mehr. Denn Jeffrey hatte meine Arschbacken auseinandergeschoben und seine Zunge an meine Rosette gesetzt. Ein Schauer der Geilheit durchfuhr mich, während der heiße Brite begann, mein Loch zu lecken. Erst sanft und fast schüchtern, dann immer heftiger, fordernder und wilder. Schon bald drückte er seine Zungenspitze ein paar Zentimeter in mich hinein, und ich musste mir in den Unterarm beißen, um nicht laut aufzustöhnen.

Jeffrey knetete meine Arschbacken mit seinen großen Händen, gleichzeitig drang seine Zunge immer tiefer in mich ein. Und dann passierte es. Auch mein Unterarm vor meinen Lippen konnte jetzt nicht mehr verhindern, dass mir ein lauter Schrei entfuhr, vor Geilheit und nicht zuletzt auch vor Entsetzen. Denn plötzlich spürte ich eine Hand an meinem Schwanz! Irgendjemand musste in die Nachbarkabine gekommen sein, ohne dass ich das bemerkt hatte. Doch anstatt die Polizei zu rufen, weil da ein Ständer aus der Wand ragte, hatte er nun begonnen, mich sanft mit feuchten Händen zu wichsen. Mein Herz schlug jetzt schneller als während meiner Einheit auf dem Laufband! Ich war eingekesselt zwischen Jeffreys Zunge in meinem Arsch, der Kabinenwand und den unsichtbaren weichen Fingern, die hingebungsvoll mit meinem Schwanz spielten. Ich fühlte mich wie in einem Traum. Doch das war real, da war ich mir sicher. Jeffrey war inzwischen wieder aufgestanden, presste seinen Körper an meinen und begann, mir erneut den Hals zu küssen.

»Da ist jemand in der anderen Kabine!«, flüsterte ich atemlos.

»Ach ja?«, fragte er leise und wirkte dabei alles andere als überrascht. »Und was macht er?«

»Er wichst mich. Mit beiden Händen.«

»Und kann er das gut?«, fragte Jeffrey und biss mir direkt danach in mein Ohrläppchen.

Ich nickte nur und atmete tief ein, weil ich jetzt seine dicke Eichel an meinem Loch spürte.

»Freut mich«, sagte er und schob sein Becken noch ein kleines bisschen weiter nach vorne, sodass sich der Druck seines Schwanzes an meinem Arschloch verstärkte. »Du schmeckst so gut, Max.« hauchte er mir direkt ins Ohr. »So gut, dass ich dich ficken will. Darf ich?«

Ich war bisher nur ein einziges Mal gefickt worden, als ich meinem Ex-Freund einen Gefallen tun wollte. Und ehrlich gesagt hatte ich das nicht besonders geil gefunden. Doch jetzt nickte ich, und zwar nicht nur, weil ich Jeffrey den Wunsch nicht abschlagen wollte. Ich war bereit. Und ich wollte es. Ich konnte es kaum erwarten, seinen Schwanz in mir zu haben, obwohl ich wusste, dass es wehtun würde.

Und das tat es. Ganz langsam, aber ohne eine Pause drückte er seinen britischen Prügel in mich, während er mir weiter am Ohrläppchen knabberte.

»Gefällt dir das, Max?«, fragte er, als das Ding ungefähr zur Hälfte in mir steckte.

Ich nickte, doch ich glaubte nicht, dass ich dabei besonders überzeugend aussah. Zum zweiten Mal innerhalb weniger Minuten hatte ich um ein Haar Tränen in den Augen, doch dieses Mal lag das nicht an meiner Rührung. *Ich hätte mir das Ding vorher genauer ansehen sollen*, dachte ich mit zusammengebissenen Zähnen. Ich meine, dass es ein echt fetter Prügel war, hatte ich gesehen. Doch in diesem Moment fühlte er sich eher an wie ein Baumstamm.

»Entspann dich«, flüsterte Jeffrey. »Und erzähl mir, was der andere macht.«

»Er wichst mich.«

»Immer noch?«

Ich nickte.

»Wie genau?«

»Eine Hand massiert meine Eichel und die andere fährt an meinem Schwanz auf und ab«, berichtete ich mit trockener Stimme.

»Klingt gut«, erwiderte Jeffrey.

»Ist es auch«, sagte ich.

Nun spürte ich, wie er seinen Oberkörper an meinen Rücken presste, und ich wusste, dass sein Schwanz jetzt fast komplett in mir war. Ich hielt den Atem an.

»Du bist sehr tapfer, Max«, hauchte Jeffrey mir ins Ohr. »Warte noch. Gleich beginnt es, Spaß zu machen.«

Und er versprach nicht zu viel. Vorsichtig begann er, sein Becken kreisen zu lassen. Ich hielt verkrampft den Atem an, doch der Schmerz wurde tatsächlich schnell weniger. Und gleichzeitig fühlte er sich geiler an. Schon bald begann ich, den Schmerz zu lieben, den Jeffreys fetter Kolben in meinem engen Loch verursachte.

»Härter«, hörte ich mich schon nach kurzer Zeit selbst sagen, ohne dass ich das wissentlich ausgesprochen hätte.

Ich hörte ein schmutziges leises Lachen an meinem Ohr. Dann spürte ich, wie Jeffrey seinen Schwanz ein Stück aus meinem Arsch zog. Um ihn nur eine Sekunde später hart wieder reinzurammen.

Ich schrie auf, worauf sich blitzschnell eine von Jeffreys Händen vor meinen Mund schob.

»Shhht!«, machte er und lächelte dabei hörbar. »Hier sind zwar die meisten schwul, aber nicht alle. Nicht, dass ausgerechnet jetzt einer von den Ungarn hier reinspaziert. Also, schön leise. Verstanden?« Ich nickte nur, weil er weiterhin seine Pranke auf meinen Mund presste. »Sehr gut!«, sagte er. »Dann machen wir jetzt weiter im Programm.«

Sein Becken setzte sich erneut in Bewegung und er begann, mich mit fast schon maschinenhaft regelmäßigen Bewegungen zu ficken. Ich liebte es! Je weiter er seinen Schwanz aus meinem Arsch zog, bevor er ihn wieder in mich rein drückte, umso stärker meldete sich der Schmerz zurück, den er mir dabei verursachte. Doch genau das gefiel mir. Wieder schloss ich die Augen und genoss Jeffreys immer härter werdende Fickstöße genauso wie das Gefühl, ganz und gar von ihm gegen die Wand gedrückt zu werden, während sich gleichzeitig auf der anderen Seite ein unsichtbarer Unbekannter hingebungsvoll um meinen Kolben kümmerte.

Und dann passierte es. Plötzlich wurde es feucht und vor allem eng um meine Schwanzspitze. Hatte er jetzt begonnen, mir einen zu lutschen? Nein, das hier war ... enger. *Oh mein Gott!*, dachte ich. Der Fremde schob nun tatsächlich seinen Arsch auf mein Rohr!

»Was macht er?«, fragte Jeffrey, der bemerkt hatte, dass ich plötzlich noch heftiger atmete als ohnehin schon.

»Er fickt sich«, keuchte ich. »Oder ich ficke ihn.« Ich wusste nicht, wie ich es nennen sollte. Denn eigentlich konnte ich ihn ja gar nicht ficken, so festgeklammert wie ich war. Ich war aber auch einfach zu geil, mir solche Gedanken zu machen. Stattdessen genoss ich das unfassbar geile Gefühl von Jeffreys Fickstößen, die inzwischen so heftig waren, dass er meine Arschbacken laut zum Klatschen brachte, und gleichzeitig die warme Enge an meinem Schwanz. Nicht zu wissen, in wessen Arsch ich da gerade steckte, kickte mich zusätzlich. Es dauerte nicht lange und ich wusste, dass ich gleich kommen würde.

»Ja?«, fragte Jeffrey, der schon wieder sehr genau zu wissen schien, was gerade in mir vorging.

»Ja.«

»Zusammen?«, fragte er, und ich nickte wieder.

Ich hielt mich nicht mehr zurück, sondern ließ meiner Geilheit freien Lauf. Und Sekunden später schoss ich meine Ladung tief in den Arsch des Unbekannten, während ich gleichzeitig spürte, wie mein geiler Engländer seine Wichse in mehreren fetten Schüben in mich spritzte. Nun hörte ich auch von jenseits der Trennwand ein heftiges Keuchen, und der Arsch auf der anderen Seite bewegte sich immer schneller über meinen Schwanz, bis er plötzlich still verharrte und für ein paar Sekunden noch enger wurde. Ich wusste, dass der andere jetzt ebenfalls abspritzte. Und in diesem Moment war ich der glücklichste Junge auf der ganzen Welt.

Der Unbekannte verschwand genauso lautlos, wie er gekommen war. Nachdem Jeffrey sein Rohr aus meinem Arsch gezogen und wir uns noch beide ohne Eile gegenseitig eingeseift und sauber gemacht hatten, war jedenfalls weder in der Nachbarkabine noch in der Umkleide irgendjemand zu sehen.

»Du weißt nicht zufällig, wer das war?«, fragte ich Jeffrey, als wir uns gerade wieder die Hosen anzogen.

»Ist das wichtig?«, fragte der aber nur und grinste dabei.

Ich zuckte mit den Schultern. »Weiß nicht«, erwiderte ich. Und das war die Wahrheit.

»Sagen wir, ich hab da so eine Ahnung. Aber die berichte ich dir nächstes Mal.« Er streifte sich sein T-Shirt über, griff nach seiner Sporttasche und stellte sich direkt vor mich. »Schönen Abend noch, Max.« Er gab mir einen sanften Kuss auf den Mund und zwinkerte mir zum Abschied zu.

»Bist du regelmäßig hier?«, fragte ich schnell, als er schon fast am Ausgang angekommen war.

»*For sure*«, antwortete er, ohne sich noch einmal umzudrehen. »Aber wir werden uns bald so oder so öfters sehen.« Mit diesen Worten war er verschwunden und ich blieb ratlos zurück.

Ich hatte mir Zeit gelassen mit dem Anziehen, auch weil ich eigentlich keine große Lust verspürte, zurück in die leere Wohnung meines Vaters zu fahren. Obwohl es inzwischen wirklich mitten in der Nacht sein musste, fühlte ich mich immer noch kein bisschen müde. Also schlenderte ich etwas unwillig durch die unterirdischen Gänge des Parlamentsgebäudes und folgte den Hinweisschildern zu den Aufzügen. Ich war verdammt froh, dass es an jeder Ecke eine ganze Reihe dieser vielsprachigen Blechschilder gab, denn das Gebäude glich schon in den oberirdischen Stockwerken mehr einem Labyrinth als allem anderen. Hier unten war es aber noch viel schlimmer! Nach einer gefühlten Ewigkeit bog ich um die letzte Ecke und stand vor den beiden Aufzügen. Einer hatte sogar gerade die Tür geöffnet und ich beschleunigte meine Schritte, als ich sah, dass sie sich in diesem Moment zu schließen begann. Dann bemerkte ich, dass da noch jemand im Aufzug stand, der mich mit einer Mischung aus Interesse und gehässigem Spott anschaute. Es war der geheimnisvolle Hausmeister, mit dem ich mich bei Mias Orgie unterhalten hatte!

»Hey!«, rief ich und rannte so schnell, wie ich konnte, auf die sich schließende Tür zu. Aber der Blödmann unternahm natürlich keinen Versuch, eine Hand oder sonst irgendwas in die Lichtschranke zu halten. »Warte auf mich!«, rief ich, während ich auf ihn zu stürmte. »Ich muss dich was fragen!«

Doch er sah mir nur belustigt bei meinem Versuch zu, ihn noch rechtzeitig zu erreichen. Ein fast entschuldigendes Schulterzucken war das Letzte, was ich von ihm sah, bevor sich einen Meter vor meiner Nase die Tür schloss und der Fahrstuhl sich mit unbekanntem Ziel in Bewegung setzte.

Das Schlampen-Taxi

Am nächsten Morgen wachte ich erst gegen elf auf und streckte mich danach genüsslich im Bett. Zum ersten Mal, seit ich eine Woche zuvor in der Stadt angekommen war, hatte ich richtig gut geschlafen. Ob das am abendlichen Sport lag oder doch eher an dem profimäßigen Arschfick, der mir danach verpasst worden war, wusste ich zwar nicht. Es war mir aber letztendlich auch egal. Glücklicherweise hatte mich auch meine kurze Begegnung mit dem komischen Hausmeisterjungen nicht davon abhalten können, direkt nach dem Nachhausekommen ins Bett zu fallen und Sekunden später selig einzuschlummern. So fühlte ich mich nun ganz und gar erholt, und da inzwischen schon Samstag war und ich frei hatte, beschloss ich, mir endlich ein bisschen die Innenstadt anzusehen.

Außer meiner Wohnung und dem Parlamentsgebäude hatte ich noch nicht viel von Brüssel gesehen, und auch wenn sich mein Bauch immer noch standhaft dagegen wehrte, mit dieser Stadt in irgendeiner Form Freundschaft zu schließen, wurde er an diesem Tag zur Abwechslung mal von meinem Kopf überstimmt. Der sagte nämlich, dass man sich zumindest mal anschauen sollte, was man da so leidenschaftlich hasste. Kurz überlegte ich, Mia zu fragen, ob er Lust hatte, den Tag mit mir und den Brüsseler Sehenswürdigkeiten zu verbringen. Doch eigentlich gefiel mir die Aussicht, mich ganz und gar nach meinem Geschmack treiben lassen zu können, und mich vor allem endlich mal wieder einen ganzen Tag lang mit niemandem unterhalten zu müssen. Sogar das Wetter wirkte an diesem Vormittag endlich freundlicher. Es schien zwar immer noch die Sonne, doch der Himmel war etwas diesig, weswegen sie nicht ganz so erbarmungslos auf alles herunterknallte wie in der Woche zuvor. Der Tag hatte also die besten Voraussetzungen, ein richtig guter zu werden. Und in gewisser Hinsicht wurde er das ja auch. Nur ganz, ganz anders, als ich dachte.

Weil ich immer noch nicht dazu gekommen war, im Supermarkt das Nötigste einzukaufen, waren mein Kühlschrank und mein Magen gleichermaßen leer. Also zog ich mich an, schmierte mir etwas Wachs in meine widerspenstigen Haare und machte mich dann erst mal auf die Suche nach einem netten Café. Schon zwei Straßen weiter wurde ich fündig. Ich setzte mich an einen der Tische auf dem Bürgersteig, bestellte ein französisches Frühstück und fühlte mich bald wie in der fabelhaften Welt der Amélie, als ich meinen Milchkaffe schlürfend in Richtung der feudalen Altbauten auf der anderen Straßenseiten schaute, meinen Blick über die französischsprachigen Tageszeitungen am Kiosk in ein paar Metern Entfernung schweifen ließ und dabei die sanfte Melodie mitsummte, die aus dem Inneren des Cafés zu mir auf die Straße drang. Irgendwie fühlte sich Brüssel plötzlich fast schon mediterran an, und das, obwohl es ziemlich genau auf der Höhe von Eschweiler liegt. Und inzwischen war selbst mein Bauch der Meinung, dass er sich in dieser Stadt vielleicht tatsächlich wohlfühlen könnte. Den hatte ich aber auch gerade mit dem besten Croissant meines Lebens bestochen.

Nach einem zweiten Milchkaffee schlenderte ich gemütlich weiter Richtung Innenstadt, wo ich mich von den Touristenmassen durch die engen Straßen treiben ließ, bis ich plötzlich auf dem Großen Markt stand, einem wunderschönen rechteckigen Platz, der auf allen vier Seiten von mittelalterlich anmutenden Steinhäusern umgeben war.

»Wow!«, entfuhr es mir unwillkürlich, als ich die Hausfassaden betrachtete. Ich habe schon immer gerne historische Romane gelesen, und wenn ich mir die ganzen Touristen in ihrer beigen Funktionswäsche und vor allem die patrouillierenden Soldaten mit ihren Maschinengewehren um mich herum wegdachte (was zugegebenermaßen nicht ganz einfach war), hatte ich wirklich das Gefühl, ins sechzehnte Jahrhundert zurückzureisen. Kurz stellte ich mir vor, wie es wohl gewesen wäre, als Sohn eines reichen Patriziers in einem dieser herrschaftlichen Häuser gelebt zu haben. Doch dabei kam ich relativ schnell auf den Gedanken, dass dieser Vater wahrscheinlich auch fast nie Zeit für mich gehabt hätte und durchaus die Möglichkeit bestanden hätte, dass der am Schluss ebenfalls unter seltsamen Umständen zu Tode gekommen wäre. Also konzentrierte ich mich doch lieber auf die gutaussehenden Soldaten, die mit ihren dicken Gewehren in ihren noch dickeren Armen ganz in meiner Nähe auf und ab spazierten. Und als ich die so lange angestarrt hatte, dass sie langsam schon ganz misstrauisch zurückguckten, beschloss ich, doch lieber weiterzuziehen. Weil der Tag alles in allem nämlich deutlich zu schön war, um mich jetzt hier erschießen zu lassen.

Ein paar Minuten später landete ich in einer sehr nobel wirkenden Einkaufspassage, in der sich nicht nur teure Modeboutiquen, sondern auch einige fast genauso teure Schokoladengeschäfte aneinanderreihten. Vor einem davon blieb ich stehen, weil mir nicht nur die Schokofiguren in der Auslage ziemlich gut gefielen, sondern vor allem auch der Kerl, der gerade dabei war, sich eine obszön große Schachtel Pralinen als Geschenk einpacken zu lassen. Er war vielleicht Mitte vierzig, hatte kurze dunkle Haare mit einzelnen grauen Strähnen, einen sexy Dreitagebart und genau die Art von kleinem Bauch, die man bekommt, wenn man früher mal ziemlich sportlich war, aber inzwischen deutlich mehr Zeit bei Geschäftsessen verbringt als auf dem Fußballplatz. Ich fand ihn ziemlich sexy. Der Mann plauderte entspannt mit dem Verkäufer, der ihm gerade die Pralinen einpackte, doch als er seinen Blick beiläufig zum Schaufenster hinausschweifen ließ und mich davor stehen sah, stockte er kurz. Ich musste lächeln, als ich sah, dass ihn mein Anblick irgendwie aus dem Konzept zu bringen schien. Doch er fing sich schnell und wandte sich wieder dem Angestellten zu. Ich wollte den heißen Kerl aber nicht so leicht vom Haken lassen, also betrat ich den Laden und grüßte höflich auf Französisch in die Runde. Dummerweise eilte nun sofort ein zweiter Verkäufer aus einem Hinterzimmer herbei und nahm mich vor lauter Begeisterung über seine blöden Pralinen so in Beschlag, dass ich kaum mehr dazu kam, meinen sexy Daddy zu beobachten. Der war inzwischen leider auch schon am Bezahlen, und ging direkt danach Richtung Ausgang – allerdings nicht ohne mir zuvor noch einen langen Blick zuzuwerfen, der sich fast in meinen Schritt zu bohren schien. Doch als ich gerade anfing, das aufgeregte Geplapper meines Schokoladenberaters auszublenden und mich wieder auf den heißen Typen zu konzentrieren, verabschiedete der sich und verließ das Geschäft.

Zehn anstrengende Minuten später hatte ich an Kakaobohnen aus sieben verschiedenen Anbauregionen gerochen, die mir der übereifrige Verkäufer unter die Nase gehalten hatte, und ich hatte knappe fünfzig Euro für Schokolade ausgegeben, weil ich irgendwann das Gefühl bekommen hatte, die würden mich sonst gar nicht mehr gehen lassen. *Die ist jetzt aber hoffentlich auch verdammt gut!*, dachte ich, während ich mit der zugegebenermaßen ziemlich schicken Kühltasche mit aufgedrucktem Firmenlogo aus der Einkaufspassage herausschlenderte und auf dem Bürgersteig stehen blieb, um zu überlegen, was ich als Nächstes machen sollte.

Doch meine Gedanken kamen nicht sehr weit, denn nach kurzer Zeit hielt mal wieder eine schwarze Limousine mit getönten Scheiben vor mir, und in der Hintertür, die genau vor mir zum Stehen gekommen war, wurde lautlos das Fenster heruntergelassen.

»Kann ich dich irgendwohin mitnehmen?« Der geile Daddy aus der Schokoboutique saß auf der Rückbank und grinste mich selbstsicher an.

»Wohin geht's denn?«, fragte ich und bemühte mich, ein

Pokerface zu machen und mir meine Überraschung nicht anmerken zu lassen.

»Ich muss zum Flughafen«, erwiderte er auf Englisch mit ganz leichtem russischen Akzent. »Und du?«

»Genau meine Richtung«, lächelte ich.

»Dann steig ein.« Er öffnete die Tür und rutschte auf die andere Seite der Rückbank, damit ich einsteigen konnte.

Ich zögerte noch zwei Sekunden, weil ich plötzlich an meine Kindergärtnerin Frau Klemmer denken musste, die uns wieder und wieder eingebläut hatte, nicht zu fremden Männern ins Auto zu steigen. Aber dann sagte ich mir, dass diese Regel bestimmt nicht galt, wenn der fremde Mann so geil aussah. Also stieg ich ein, schloss die Wagentür hinter mir, und wir setzten uns sofort wieder in Bewegung.

Als Erstes schaute ich nach vorne, wo ein glatzköpfiger Kerl am Steuer saß, der tatsächlich eine Chauffeursmütze trug und mir über den Rückspiegel einen nicht zu deutenden Blick zuwarf. Ich hatte aber auch gar keine Zeit, mich näher mit dem Fahrer unseres Wagens zu beschäftigen, weil ich schon im nächsten Moment eine große Hand auf meinem Oberschenkel spürte. Ich blickte nach links und sagte: »Hi.«

»Du bist also der junge Herr von Hammerschmidt«, sagte der Kerl und musterte mich dabei noch einmal von oben bis unten, als wollte er sichergehen, den richtigen Jungen auf seine Rückbank gelockt zu haben.

Ich musste mich nicht mal bemühen, mein Erschrecken zu verbergen, weil ich höchstens noch ein leises Erstaunen verspürte. Ehrlich gesagt hätte es mich inzwischen viel mehr gewundert, wenn ich in dieser Stadt einem Menschen begegnet wäre, der noch nicht wusste, wer ich war. »Ich scheine ja das Gesprächsthema der Stunde zu sein«, antwortete ich also, und klang dabei genauso unbeeindruckt, wie ich tief in meinem Inneren auch war.

»Oh, das bist du, mein kleiner Max«, gab der Daddy zurück und massierte mir dabei weiter den Oberschenkel.

»Und, was erzählt man sich so? Über mich?«, fragte ich.

Er grinste und zuckte dann mit den Schultern: »Hauptsächlich, dass du ganz der Vater bist. Nicht nur optisch, sondern auch, was deinen wachen Geist angeht.« Ich wusste zwar nicht, wo ich den in der letzten Woche groß bewiesen haben sollte, aber ich wollte mich auch nicht beschweren über das Kompliment. Also sagte ich nichts, sondern sah den Typen nur abwartend an. »Deinen Tatendrang«, fuhr der fort, und massierte meinen Schenkel jetzt so fest, dass es fast schon wehzutun begann. »Und deine Neugierde.« Er sah mich ernst an, und ich fragte mich, ob das gerade auch wieder eine versteckte Drohung gewesen sein sollte. Falls ja, fing die Sache jetzt an, interessant zu werden. »Nur in einer Sache scheinen du und dein Vater sich zu unterscheiden.«

»Ach ja?«, fragte ich. »Und zwar?«

Nun griff er nach meiner Hand und legte sie in seinen Schritt, wo ich seinen halbsteifen Kolben unter dem teuren Anzugsstoff spürte. »Damit konnte dein alter Herr nie was anfangen. Du dafür umso mehr, wie man hört.«

Dass sich das inzwischen also ebenfalls herumgesprochen hatte, schockierte mich aber auch schon nicht mehr. »Lust auf eine kleine Kostprobe?«, fragte ich und begann nun meinerseits, den Typen zu massieren. Und zwar am Schwanz.

»Noch was, das du mit deinem Vater gemeinsam hast«, brummte er, während er die Augen schloss und sein Lächeln immer breiter wurde. »Wenn du was machst, machst du es richtig.«

»Vielleicht ist jetzt der richtige Zeitpunkt, um damit aufzuhören, über meinen Vater zu sprechen«, erwiderte ich und öffnete langsam den Reißverschluss des Kerls.

»Schon gut«, gab der zurück. Dann schob er meine Hand zur Seite und holte mit einer geübten Bewegung seinen inzwischen komplett hart gewordenen Schwanz mitsamt zwei unrasierten prallen Eiern aus der Hose. Und während ich noch damit beschäftigt war, das wirklich ziemlich schöne, beschnittene Ding zu betrachten, griff er mir ans Genick wie einem Hundewelpen und lenkte meinen Kopf mit einer kräftigen, aber elegant fließenden Bewegung zu seinem Schritt. Kurz musste ich wieder an Frau Klemmer denken, die uns auch immer eingetrichtert hatte, dass die schlimmsten Dinge passieren können, wenn man im Auto nicht angeschnallt ist. Doch ich hatte schon immer am liebsten das Gegenteil von dem getan, was die frigide Fettel von mir wollte. Und auch in diesem Moment schien das eine sehr gute Idee zu sein.

Der feiste Kerl presste meine Nase auf seine schwitzenden Klöten, und ich atmete tief den Moschusgeruch ein, der mir aus seinem Hosenschlitz entgegenströmte. Ich hatte bisher einmal in meinem Leben Poppers probiert, aber das hier machte mich fast noch heißer. Dieser Geruch war so unbeschreiblich männlich, geil, schmutzig und irgendwie verboten, dass ich mir unweigerlich selbst an meinen Schwanz fassen musste und begann, ihn durch den Stoff meiner Hose sanft zu kneten.

Mein Gesicht wurde immer noch gegen die behaarten Eier gedrückt, während der Russe seinen Schwanz mehrfach von oben gegen meine Wange schlug. Das Ding war so schwer und so hart, dass es mir fast schon richtig wehtat. Aber auf die geile Art. Endlich ließ er meinen Kopf los, und ich wusste, was das bedeutete. Also sah ich zu ihm hoch, und unsere Blicke trafen sich kurz. Sein schöner runder Bauch brachte das maßgeschneiderte Hemd zum Spannen, und von unten hatte der Kerl ein hübsches kleines Doppelkinn. All das machte mich in diesem Moment richtig geil, weil der Typ so eine in sich ruhende Macht ausstrahlte. Keine Ahnung, wessen Sackgeruch ich da gerade inhaliert hatte. Aber er musste verdammt wichtig sein, so wie er sich da von seinem Privatchauffeur in einem Wagen chauffieren ließ, der definitiv zu teuer war, um zur EU-Flotte zu gehören. Ich weiß, die Tatsache, dass er im Gegensatz zu mir ganz genau wusste, wem er da gleich seinen beschnittenen Kolben in den Rachen schieben würde, hätte mir Angst einjagen sollen. Doch sie tat es nicht. Stattdessen machte mich genau das nur noch geiler. Weil sich dadurch alles noch gefährlicher anfühlte. Was es ja auch war, doch das erfuhr ich erst sehr viel später.

»Na, los!«, unterbrach der Big Boss meinen Gedankenfluss und lenkte meine Aufmerksamkeit wieder aufs Wesentliche. Seinen Schwanz. Mit der linken Hand presste er jetzt mein Kinn nach unten, sodass ich gar keine Wahl hatte als meinen Mund zu öffnen. Und mit der Rechten ließ er seinen Kolben mehrfach auf meine Zunge klatschen. Er fühlte sich heiß an und er schmeckte nach Salz und Geilheit.

Nachdem er sicher war, dass mich jetzt nichts mehr von meiner Mission abbringen konnte, nahm er beide Hände nach oben und verschränkte sie hinter seinem Kopf, während er mir zufrieden dabei zusah, wie ich den Schwanz erst mit meiner Zunge liebkoste und ihn dann komplett in meinen Mund nahm. Kurz musste ich gegen einen heftigen Würgereiz ankämpfen, doch sobald sich mein Rachen an das dicke Ding gewöhnt hatte, war es einfach nur noch geil.

»Sehr schön«, kommentierte der Kerl brummend. »Bist ein echtes Talent, Kleiner.«

Ich schaute zu ihm hoch und zwinkerte ihm mit seinem Schwanz im Maul zu. Sein Handy klingelte, und er zog es aus der Hosentasche. Doch statt den Anruf wegzudrücken, nahm er ihn an und begann ein Gespräch auf Russisch oder Ukrainisch. Schade, dass ich das nie gelernt hatte. Hätte mich zu sehr interessiert, worüber er da sprach. Doch andererseits hatte ich so die Chance, mich voll und ganz auf meine Arbeit zu konzentrieren. Während der Kerl sich jetzt mit einer Hand das Handy ans Ohr hielt, drückte er mit der anderen meinen Kopf auf seinen Schwanz und begann, mich mit kurzen, aber heftigen Bewegungen seines Beckens in den Rachen zu ficken. Dabei telefonierte er, als ob überhaupt nichts wäre.

»Wir sind gleich da, Sir«, hörte ich die tonlose Stimme des Chauffeurs von vorne, und scheinbar schien das zu stimmen. Denn obwohl ich von meiner Position aus nicht aus dem Fenster schauen konnte, merkte ich, dass der Wagen nun langsamer wurde. Ganz im Gegensatz zu meinem Rachenficker. Dessen Stöße kamen nun immer schneller, sodass ich zwischenzeitlich doch wieder davon würgen musste. Aber dank seiner Hand, die schraubstockartig auf meinem Kopf lag, hatte ich keine Chance, auch nur einen Millimeter zurückzuweichen. Und genau das machte uns beide verdammt geil. Ohne Vorwarnung schoss mir der Kerl seinen zähen Kleister direkt in den Rachen. Und dabei telefonierte er seelenruhig weiter und ließ sich nicht mal das geringste Stöhnen entlocken. Was für eine geile Sau!

Nachdem er auch den letzten Tropfen seines dicken Saftes in mich reingespritzt hatte, ließ er meinen Kopf los und öffnete ein Fach in der Mittelkonsole, aus dem er ein feines Stofftaschentuch zog. Er wollte sich gerade den Schwanz damit abwischen, doch ich nahm es ihm aus der Hand, und nachdem er mich für einen Moment irritiert und sogar ein bisschen verärgert angeschaut hatte, verstand er, dass ich das für ihn erledigen wollte. Also nickte er und schaute mir dann dabei zu, wie ich ihm sanft die Mischung aus seiner Wichse und meinem Speichel von seinem langsam wieder weicher werdenden Schwanz wischte. Als ich damit fertig war, nickte er mir anerkennend zu und verstaute das Ding wieder in seinem Hosenstall. Dann beendete er sein Telefonat, und im gleichen Moment kam der Wagen zum Stehen.

Der Chauffeur stieg aus und öffnete meinem namenlosen Ficker die Tür. Der hatte genau eine halbe Sekunde vorher den Reißverschluss seiner Hose wieder zugezogen, sah mich an und sagte: »Ich muss jetzt meinen Flug erwischen. Ahmed wird dich zurück in die Stadt fahren. War schön, dich kennenzulernen, Max.«

»Mit wem hatte ich denn das Vergnügen?«, fragte ich, während ich mich gerade wieder aufrecht hinsetzte.

Doch der Kerl grinste nur. Dann tätschelte er mir zum Abschied grob die Wange und sagte: »Wir sehen uns wieder, davon bin ich überzeugt.« Er stieg aus und ließ sich den Griff des Kabinentrolleys überreichen, den Ahmed inzwischen aus dem Kofferraum geholt hatte. Dann lief er Richtung Terminal, ohne sich noch einmal zu mir umzudrehen.

Ahmed schloss die Tür seines Chefs, setzte sich zurück ans Steuer und legte wortlos den Gang ein. Wieder warf er mir diesen schwer zu deutenden Blick über den Rückspiegel zu, und plötzlich fühlte ich mich irgendwie unwohl. Während meines kleinen Rückbankabenteuers hatte ich den Fahrer unseres Wagens komplett ausgeblendet, und jetzt wurde mir erst so richtig klar, dass der natürlich alles mitbekommen hatte. Mein Ständer, der gerade noch schmerzvoll nach Aufmerksamkeit gerufen hatte, fiel plötzlich in sich zusammen. Nun schnallte ich mich doch an, und ich blickte zum Fenster hinaus, weil ich verhindern wollte, mir aus Versehen noch mal einen dieser Blicke einzufangen.

»Ähm, wo fahren wir denn hin?«, fragte ich, als ich merkte, dass der Chauffeur nun in die Tiefgarage des Flughafens abbog anstatt die Ausfahrt Richtung Autobahn zu nehmen.

»Keine Sorge«, erwiderte er auf dieselbe tonlose Art, in der er auch zuvor schon mit seinem Chef gesprochen hatte. »Ich bringe dich schon noch nach Hause. Aber ich bin kein kostenloses Schlampen-Taxi. Du musst schon dafür arbeiten.«

Mit diesen Worten lenkte er die Limousine in eine Parklücke an einem entlegenen Ende des Parkhauses, wo sonst weit und breit niemand zu sehen war. Er stieg aus dem Wagen aus, lief einmal um die Motorhaube herum und öffnete meine Tür. Dann stellte er sich dicht an den Wagen, sodass sein Schritt direkt auf Höhe meines Kopfes war. Spätestens jetzt verstand ich, was mich die Rückfahrt in die Stadt kosten würde. Und ich hatte absolut nichts dagegen einzuwenden, den Preis in voller Höhe zu bezahlen. Das Gesicht des Chauffeurs oberhalb der geöffneten Autotür konnte ich nicht mehr sehen, als ich zum zweiten Mal innerhalb von einer halben Stunde den Reißverschluss einer teuren Anzughose öffnete. Doch ich bin sicher, mit dem, was ich danach getan habe, habe ich selbst den strengen Ahmed ein bisschen zum Grinsen gebracht.

Ein paar Stunden später lag ich breitbeinig zu Hause auf der Couch und ließ mir von einem monströs großen Ventilator, den ich eben auf dem Heimweg noch gekauft hatte, die Klöten kühlen. Und weil die nicht der einzige Teil meines Körpers waren, der dringend etwas Abkühlung brauchte, lutschte ich zusätzlich versonnen an einem Eiswürfel herum.

Der Schwanz von Ahmed, dem Chauffeur, war noch ein bisschen dicker gewesen als der seines namenlosen Chefs. Und er hatte mich noch rücksichtsloser in den Hals gefickt als der Big Boss. Ich hatte es unglaublich geil gefunden, wie er sich mitten in der Tiefgarage an mir vergangen hatte, ganz ohne Angst, dass irgendjemand uns erwischen könnte. Allerdings hatte es auch nicht besonders lange gedauert, drei oder vier Minuten vielleicht. Dann hatte auch er mir in den Rachen gespritzt, seinen Riemen an meinem Shirt saubergewischt, sich wieder ans Steuer gesetzt und mich ohne ein weiteres Wort zu genau der Stelle zurückgefahren, wo ich eine knappe Stunde zuvor ins Auto gestiegen war.

Mir war es egal gewesen, dass man auf meinem T-Shirt deutlich sehen konnte, wo der Fahrer seinen dicken Prügel abgewischt hatte. Ich war einfach weiter durch die Stadt spaziert, als ob nichts gewesen wäre, hatte meine Pralinen in ihrer Kühlbox spazieren getragen, und nur das auf geile Art schmerzhafte Kratzen in meinem Hals hatte mir gesagt, dass das alles kein schwüler Tagtraum gewesen war, sondern Wirklichkeit.

Nun lag ich also auf dem Sofa und kühlte meine beiden empfindlichsten Körperteile, während vor dem Fenster langsam die Sonne unterging. Ich trug immer noch dasselbe Shirt wie am Nachmittag und ich hob es etwas an, damit ich Ahmeds Schleimspur besser sehen konnte. Ich roch daran, und die Mischung aus seiner Wichse und meinem Schweiß, mit der sich der Stoff vollgesogen hatte, machte mich so an, dass ich es mir jetzt endlich auch selbst besorgen wollte. Ich war ja schließlich nicht die Heilsarmee, die nur alle anderen Kerle in dieser Stadt zum Spritzen bringt, ohne sich ab und zu mal um sich selbst zu kümmern.

Also drückte ich mir den Teil meines Shirts auf die Nase, der am meisten nach Sperma roch, sog den Duft ein und schob gleichzeitig meine andere Hand in meine Shorts, wo mein halbsteifer Schwanz schon ungeduldig darauf wartete, dass ihm endlich mal jemand Aufmerksamkeit schenkte. Ich hatte gerade die Vorhaut zurückgezogen und wollte anfangen, ihn sanft zu wichsen, als mein Handy zu klingeln begann.

»Nicht jetzt!«, rief ich durch den Stoff meines Shirts. Und erst hatte ich auch vor, es einfach zu ignorieren, doch es hörte gar nicht mehr auf zu klingeln. Weil ich das nervige Gebimmel irgendwann nicht mehr aushielt, sprang ich ärgerlich von der Couch auf, stolperte unterwegs noch fast über das Kabel meines neuen Ventilators und hastete zum Esstisch, wo das dumme Ding lag und immer noch frech vor sich hin tönte.

»Ja?«, fragte ich streng, nachdem ich den Anruf entgegengenommen hatte.

»Seit wann sind wir denn so unfreundlich?«, säuselte eine nasale Stimme ins Telefon. Mia.

»Seit wann rufen wir mit unterdrückter Nummer an?«, gab ich zurück.

»Ach, das hab ich ganz vergessen, wieder umzustellen. Musste vorhin noch jemanden stalken.« Er kicherte.

»Und was kann ich jetzt für dich tun?«, fragte ich ungeduldig.

»Wollte dich eigentlich zu einer total abgefahrenen Party dazubitten«, maulte er eingeschnappt. »Aber du weißt ja, wer ficken will, muss freundlich sein. Also lass ich es vielleicht ganz einfach bleiben.«

»Auch recht«, erwiderte ich. »Wollte heute eh nicht mehr vor die Tür.«

»Ach, komm schon!«, quengelte er. »Ist echt lustig hier!«

»Wo ist *hier*?«, fragte ich.

»Na, wo wohl?« maulte er. »Bei mir zu Hause natürlich!«

Ich seufzte. »Ist das eine Party-Party, oder wieder so eine Orgie wie letzten Montag?«

»Och«, er klang gleich wieder vergnügter, weil er merkte, dass er mich schon fast so weit hatte. »Ich würde sagen, ein bisschen vom einen und ein bisschen vom anderen. Wobei ich glaube, es ist gerade kurz davor, fatal in die zweite Richtung zu kippen.« Er kicherte beschwipst vor sich hin.

Ich überlegte. Einerseits war ich echt geil, und die Vorstellung, mir zur Abwechslung mal selber einen lutschen zu lassen, anstatt den Gefallen nur immer allen anderen zu tun, machte mich schon ziemlich an. Andererseits machte mich die Hitze, die letztlich auch dieser Tag wieder mit sich gebracht hatte, echt platt, und ich wollte wirklich nicht mehr unbedingt vor die Tür gehen.

Mia bemerkte mein neuerliches Zögern, doch er hatte noch ein Ass im Ärmel. Und das zog er jetzt mit hörbarem Stolz. »Ach, und falls du immer noch ein zweites Mal mit diesem fröhlichen Mulatten sprechen möchtest … Der ist auch da.«

»Der Hausmeister?«, fragte ich, und war sofort wieder hellwach.

»Hausmeister, Müllabfuhr, irgendwie so was. Jedenfalls ist er hier. Also, kommst du?«

»Bin so gut wie unterwegs!«, rief ich. Es passte mir nicht, Mia das Gefühl zu geben, er hätte mich meisterhaft um den Finger gewickelt. Und noch weniger wollte ich, dass er merkte, wie groß mein Interesse an diesem Typen war. Na ja, hatte wohl beides nicht so gut geklappt. War mir aber nun auch egal.

»Ich kann dir aber nicht garantieren, dass er noch da ist, wenn du kommst. Ich meine, er ist ja jetzt nicht mein Leibeigener oder so. Die Zeiten sind ja leider vorbei.«

Ich verdrehte die Augen über Mias kolonialistisches Geschwätz, doch ich hatte jetzt weder die Zeit noch die Lust, das mit ihm auszudiskutieren. »Ich hoffe einfach das Beste«, sagte ich knapp, während ich mir nebenbei schon die Schuhe anzog.

»Ich kann ihm aber so lange einen lutschen, wenn du willst. Dann haut er uns bestimmt nicht ab.«

»Danke, Mia. Du bist ein echter Freund.« Ich legte auf und stürmte aus der Wohnung.

Obwohl der Weg zu Primianos Wohnung ja wirklich nicht weit war, setzte ich mich erneut in ein Taxi, weil ich nicht riskieren wollte, dass der unverschämte Sonderling mir schon wieder entwischte. Anstatt auf den Aufzug zu warten, hastete ich die breiten Marmorstufen in den dritten Stock hoch und drückte, komplett außer Atem, auf die Klingel. Als Mia mir schwungvoll die Tür öffnete, erkannte ich bei einem Blick über seine Schulter sofort, dass dieses Mal auch ein paar unserer weiblichen Kolleginnen anwesend waren. Deshalb war die Stimmung nicht weniger sexuell. Es wurde nur ein kleines bisschen diskreter rumgemacht.

»Und?«, fragte ich.

»Und was?«, gab Mia schelmisch zurück. Er wusste natürlich genau, was ich meinte, doch es schien ihm Spaß zu machen, mich auf die Folter zu spannen.

»Ist er noch da?«, presste ich gereizt hervor.

»Natürlich, natürlich«, säuselte er angetrunken. »Hab doch gesagt, dass ich ihn im Auge behalte.«

»Und wo ist er?«

Jetzt guckte Mia verwirrt. Mit dieser Frage hatte er offenbar nicht gerechnet, und es war ihm deutlich anzusehen, dass er die Antwort nicht wusste. Doch statt mich weiter mit ihm aufzuhalten, schob ich ihn unsanft aus dem Türrahmen und betrat die Wohnung.

»Guck mal in der Waschmaschine«, rief er mir noch hinterher, als ich den Flur hinunterlief. »Da hab ich echt schon so manches wiedergefunden.«

Ich seufzte und betrat das Wohnzimmer, in dem sich der Hausmeisterjunge aber definitiv nicht aufhielt. Ohne auf den Wikinger zu achten, der mich zu sich winken wollte, ging ich weiter in die Küche und von dort ins Bad, das ungefähr so groß war wie das Wohnzimmer in meiner Wohnung und in dessen pornomäßig großer Badewanne ein paar Leute Gras rauchten. Doch *er* war nicht dabei. Also ging ich in den Flur zurück und öffnete die nächste Tür. Und da lag er. Er hatte sich auf einem pinken Himmelbett ausgestreckt, von dem ich nicht sagen konnte, ob es Mia oder seiner Hure von Mutter gehörte, und er knutschte mit einem schmächtigen Portugiesen namens Roberto, der sich im Unterricht immer streberhaft gemeldet hatte. Doch als der Hausmeister mich im Türrahmen stehen sah, schob er seinen Kuschelpartner von sich und schenkte mir ein überhebliches kleines Grinsen, für das alleine ich ihm schon eine hätte reinhauen können.

»Du entschuldigst uns kurz?«, sagte ich in Richtung

Roberto, ohne dabei den anderen aus den Augen zu lassen. Ich stand immer noch im Türrahmen, der der einzige Ausweg aus diesem Zimmer war, und ich würde dafür sorgen, dass nur mein Praktikumskollege hier rauskam. Nicht aber der andere Typ in diesem Raum, denn mit dem musste ich dringend reden.

Roberto warf mir einen eingeschnappten Blick zu, krallte sich sein Shirt, das er bereits ausgezogen hatte, und zwängte sich an mir vorbei nach draußen. Gut so.

»Du hast mich also gefunden«, sagte der Hausmeister und konnte es sich natürlich nicht verkneifen, noch ein überhebliches »Endlich« hinten dranzusetzen, während er die Arme hinter seinem zugegebenermaßen hübschen Kopf verschränkte und mich gönnerhaft anschaute.

»Stimmt«, gab ich zurück. »Endlich. Und ich hoffe, du erwartest nicht, dass ich da weitermache, wo der gute Roberto aufgehört hat. Dazu bin ich nämlich wirklich nicht hier.«

»Oh, keine Sorge!«, lachte der andere jetzt herzlich auf. »Danke, aber kein Bedarf. Zum einen bist du leider echt so überhaupt nicht mein Typ.« *Danke, gleichfalls!*, dachte ich grimmig. »Es gibt aber noch einen viel besseren Grund, warum das ziemlich unangebracht wäre«, fuhr er besserwisserisch fort.

»Ach ja?«, fragte ich und verschränkte jetzt ebenfalls meine Arme. »Und der wäre?«

»Ganz einfach«, erwiderte der Kerl und sah mich jetzt plötzlich ernst an. Dann sagte er sehr leise: »Weil ich dein Bruder bin, du Idiot.«

Enthüllungen zur Geisterstunde

Du bist *was*?«, rief ich entgeistert und reckte dabei meine Hände in die Höhe wie ein altgriechisches Klageweib.

»Schhhht!«, machte der andere wütend. »Nicht so laut, du Trottel! Und erst recht nicht hier.«

Ich verdrehte die Augen. Der Kerl war also nicht nur völlig irre, sondern auch noch paranoid. Echt eine vielversprechende Mischung.

»Na gut«, sagte ich. »Wo dann?«

»Deine Wohnung. In einer Stunde.«

»Zur Geisterstunde also«, brummte ich nach einem Blick auf die Uhr. »Wie passend.«

»Jetzt geh«, erwiderte er streng, ohne auf meine Bemerkung einzugehen. »Ich komme dann nach. Und bis dahin kein Wort zu niemandem, hast du das verstanden? Nicht hier auf der Party und auch nicht sonst irgendwo.«

»Keine Sorge«, gab ich zurück und warf ihm dabei einen abfälligen Blick zu. »Für deine Geschichten interessiert sich eh kein Mensch.«

»Oh«, sagte er und grinste plötzlich fies. »Da würdest du dich aber wundern.«

Dreißig Minuten später tigerte ich in meinem Wohnzimmer auf und ab, und ich fühlte mich dabei so hilflos wie noch nie in meinem ganzen Leben. Dieser halbseidene Typ musste ein Betrüger sein, das war ja wohl klar! Also, was wollte er von mir? Mir ein schlechtes Gewissen machen? Mich erpressen? Aber weswegen? Wollte er Geld? Da würde er sich an Mama wenden müssen, denn abgesehen von der Brüsseler Wohnung hatte sie so ziemlich alles andere von Papa geerbt. Aber ich würde alles tun, was in meiner Macht stand, um zu verhindern, dass dieser unverschämte Wichskopf bei meiner Mutter aufschlug und ihr irgendeine erlogene Geschichte auftischte! Die hatte nämlich wirklich schon genug durchgemacht.

Nervös zog ich mein Handy aus der Tasche und checkte meinen Kontostand. Das Geld, das ich von Papa zusätzlich zur Wohnung bekommen hatte, wollte ich eigentlich im kommenden Herbst für eine Reise durch Neuseeland nutzen, und für viel mehr würde es auch nicht reichen. Doch wenn ich diesen Typen und seine widerlichen Geschichten damit loswerden würde, würde ich es ihm mit Freuden vor die Füße werfen. Aber würde er sich damit zufriedengeben? Besonders viel war es wirklich nicht. Was sollte ich tun, wenn er mehr wollte? Oder nach ein paar Monaten wieder auf der Matte stand? Ich hatte keine Ahnung. Doch ich war mir sicher, dass ich einfach alles versuchen musste, um zu verhindern, dass diese Schlange ihre Geschichten an das meistbietende Klatschblatt verkaufte.

Und dann kam mir mit einer Dreiviertelstunde Verzögerung plötzlich noch ein ganz anderer Gedanke, der so bestechend einfach und wahrscheinlich genau deshalb so undenkbar war, dass ich ihn eigentlich gar nicht zulassen wollte. Oder konnte. Doch jetzt bohrte er sich plötzlich senkrecht durch mein Hirn und von dort weiter über das Rückenmark bis in mein Herz, das darauf vor Schreck erst mal kurz aussetzte. »Was ist, wenn er die Wahrheit sagt?«, flüsterte ich. Und setzte mich auf den nächstbesten Stuhl.

Als es an meine Wohnungstür klopfte, saß ich immer noch dort, und meine Knie fühlten sich so weich an, dass ich erst das Gefühl hatte, gar nicht aufstehen zu können. Doch ich kämpfte mich mit aller Kraft hoch, torkelte wie betrunken durch den Flur und öffnete die Tür. Davor stand ein Junge, den ich vor weniger als einer Woche zum ersten Mal gesehen hatte und dessen Namen ich nicht kannte. Aber der vielleicht, ganz vielleicht, mein Bruder war. Ein paar Sekunden lang schauten wir uns einfach nur an, und ich konnte ihm ansehen, dass er genauso aufgeregt war wie ich.

»Jetzt komm halt rein«, sagte ich irgendwann mit trockener Stimme. Es klang nicht so, als ob ich es auch so meinen würde.

»Das Badezimmer ist dunkelgrau gefliest«, presste er plötzlich hervor, ohne sich auch nur einen Zentimeter zu bewegen. »Der Kühlschrank in der Küche ist einer von denen, die Eiswürfel scheißen, und über dem Sofa im Wohnzimmer hängt ein Ölgemälde vom Atomium. Abstrakt.«

»Was soll das werden?«, fragte ich irritiert.

»Ich beweise dir, dass ich schon in der Wohnung war. In *deiner* Wohnung. Schon sehr oft.«

»Kann ja alle möglichen Gründe gehabt haben«, sagte

ich schnell. Natürlich stimmte alles, was er aufgezählt hatte. Aber das bewies für mich gar nichts. »Vielleicht hast du hier mal 'ne Glühbirne ausgewechselt. *Mein* Vater war nämlich vieles, aber sicher kein Handwerker.«

Meine Worte trafen ihn allem Anschein nach heftiger, als ich gedacht hatte, und als ich die Verletzung in seinem Blick sah, taten sie mir sofort leid. Aber … egal. Ich seufzte, dann trat ich demonstrativ einen Schritt zur Seite und sagte so freundlich, wie es mir in diesem Moment möglich war: »Komm rein. Bitte.«

Ohne weitere Erklärungen zur Innenausstattung meiner Wohnung ging er an mir vorbei und lief direkt ins Wohnzimmer. Ich schloss die Tür hinter ihm, dann atmete ich zwei Mal tief durch und folgte ihm.

»Das hat er zum Abschied von seiner Fraktion bekommen, als er dort aufgehört hat, weil er Parlamentspräsident wurde.« Als ich das Wohnzimmer betrat, stand er mit dem Rücken zu mir vor dem Gemälde vom Atomium und betrachtete es, während er sprach. »Wusstest du das?«, fragte er, ohne sich umzudrehen.

»Nein«, sagte ich leise und räusperte mich.

»Tja«, jetzt sah er mich doch an. Und sein Blick gefiel mir ganz und gar nicht. »Scheint, als hätte ich ihn besser gekannt als du.«

»Bist du hier, um mich wütend zu machen?«, fragte ich und ballte unweigerlich die Faust in meiner Hosentasche.

»Vielleicht«, gab er zurück und sah mich angriffslustig an.

»Also, prügeln wir uns jetzt? Ist es das, was du willst?«

»Ich will gerade so viele Dinge gleichzeitig, dass ich gar

nicht weiß, wo ich anfangen soll«, zischte er leise. »Aber dir eine reinzuhauen gehört dazu, das stimmt.«

»Na dann«, sagte ich laut und breitete einladend die Arme aus. »Tu dir keinen Zwang an, du Wichser!«

Kurz schien er tatsächlich zu überlegen, ob er es einfach tun sollte. Sein ganzer Körper spannte sich an und sein Blick wurde noch härter als ohnehin schon. Doch dann wich plötzlich alle Kampfeslust aus ihm und er ließ sich in einen der großen Sessel fallen. Für ein paar Herzschläge schloss er die Augen, und als er sie wieder öffnete, standen Tränen darin.

»Was willst du von mir?«, fragte ich und musste mich beherrschen, nicht gleich mit ihm loszuheulen, weil diese Situation so unwirklich war. Und gleichzeitig viel zu real.

»Ich will von dir, dass du mal für zehn Minuten so tust, als würdest du mir glauben, was ich sage.« Er sprach ernst und ruhig. »Nur für zehn Minuten, okay?«

Ich schluckte. Dann nickte ich und setzte mich ihm gegenüber. »Also gut«, sagte ich. »Ich versuch's.«

»*Unser* Vater war deiner Mutter sehr häufig untreu. Ich glaube, dass weißt du schon.«

Ich nickte stumm. »Und weiter?«, fragte ich dann.

»Du und ich sind ziemlich genau gleich alt«, fuhr er fort. »Meine Mutter und unser Vater … es war ungefähr gleichzeitig mit … du weißt schon.«

Wieder nickte ich. Und ich bemühte mich wirklich, so zu tun, als würde ich ihm glauben. Was ich immer noch nicht tat.

»Aber ich kann nichts dafür, okay?«, sagte er. »Und meine Mutter auch nicht.«

»Weil sie nicht wusste, dass er verheiratet ist?«, erwiderte ich deutlich lauter, als ich beabsichtigt hatte.

Er hob abwehrend die Hände. »Natürlich wusste sie es«, sagte er dann. Es klang aber nur halb nach einer Entschuldigung. »Aber erzähl mir nicht, dass du nicht wüsstest, wie Papa war. Wie er sein konnte, wenn er etwas wollte.« Ich atmete tief aus. Dann nickte ich. »Außerdem bin ich nicht meine Mutter«, fuhr mein Besucher fort. »Wenn du sie als Schlampe beschimpfen willst, kannst du das gerne direkt machen, das richte ich ihr lieber nicht aus. Nur, wenn du jede Frau in Brüssel anbrüllen möchtest, die mit unserem Vater im Bett war, wirst du bald heiser sein, das kann ich dir sagen.«

Unserem Vater, dachte ich. Wie sich das anhörte!

»Und was willst du jetzt von mir?«, fragte ich. »Geld, nehme ich an«, schob ich hinterher, doch im gleichen Moment bereute ich es schon. Denn falls er bisher keines gewollt hatte, hatte ich ihn jetzt entweder schon wieder gekränkt. Oder auf eine dumme Idee gebracht.

»Keine Sorge«, gab er aber nur zurück und verschränkte die Arme, während er wieder diesen überheblichen Blick aufsetzte.

»Ach ja?«, fragte ich. »Und zwar weil?«

Er kramte eine Weile in der großen Tasche seiner kurzen Cargo-Hose, dann zog er ein paar zerknüllte Blätter heraus und warf sie in meine Richtung. Ich hob sie vom Couchtisch auf, wo sie gelandet waren, und strich sie glatt, bevor ich sie mir anschaute. Es waren Konto-Auszüge.

»Ich habe bis zu Vaters Tod jeden Monat eine Überweisung erhalten«, erklärte er und ich konnte schwarz auf weiß vor mir sehen, dass es sich dabei um eine nicht gerade bescheidene Summe gehandelt hatte. »Und …« er zögerte kurz, »nach seinem sogenannten Unfall habe ich über seinen Anwalt mein Erbe erhalten, das kannst du auf dem dritten Auszug sehen. Das kam von einem speziellen Konto, das er für mich angelegt hatte. Nichts Offizielles, wenn du verstehst.«

Ich verstand. Und ich schluckte beim Anblick der Summe, die meinem Besucher vor knapp sechs Monaten überwiesen worden war. Ich muss zugeben, dass ganz kurz ein widerliches Gefühl von Missgunst und Neid in mir hochstieg. Bis mir klar wurde, dass die Wohnung, die ich geerbt hatte, wahrscheinlich genauso viel wert war. Jetzt erst fiel mein Blick auf den Namen des Kontoinhabers, oben rechts auf dem Ausdruck.

»Du heißt Antoine?« fragte ich mit belegter Stimme und blickte jetzt wieder zu ihm hoch.

Er nickte. Eine Zeit lang sahen wir uns über den Couchtisch hinweg an, und plötzlich kam es mir so vor, als würde ich diesen Menschen zum ersten Mal sehen.

Ich hatte wahrscheinlich einen Bruder. Und der hieß Antoine.

»Möchtest du was trinken?« Auf einmal konnte ich nicht mehr stillsitzen, also stand ich auf und lief in Richtung Hausbar.

»Ist der irische Whiskey mit dem blauen Etikett noch da?«, fragte Antoine.

»Ich hab ihn zumindest nicht weggetrunken.« Ich öffnete die Tür des Schnapsschrankes, fand die gewünschte Flasche und schenkte uns beiden ein. Auf dem Weg zurück fiel mein Blick erneut auf das Gemälde vom Atomium, das mir an den ganzen Tagen zuvor nie wirklich aufgefallen war. »Warst du oft hier?«, fragte ich ihn, während ich ihm sein Glas reichte. »In der Wohnung?«

»Unser Vater hatte immer viel zu tun«, erwiderte er.

»Kann man so sagen«, gab ich sarkastisch zurück.

»Aber so alle zwei Wochen war ich hier. Wir haben zusammen gegessen und uns unterhalten oder einfach nur einen Film geschaut.«

»Dann hast du ihn wahrscheinlich öfter gesehen als ich«, murmelte ich bitter und musste schon wieder gegen diese fiese Missgunst in mir ankämpfen.

»Kein Grund, neidisch zu sein, großer Bruder.«

Ich sah ihn erstaunt an, und zwar nicht nur, weil es mir kalte Schauer den Rücken hinabjagte, von irgendjemandem Bruder genannt zu werden.

»Du bist zweieinhalb Wochen älter als ich«, merkte Antoine schulterzuckend an und grinste jetzt plötzlich verschmitzt. »Wir sind also fast so was wie Zwillinge.«

»Mann, Papa!«, murmelte ich. »Du warst echt ein Schwein!«

»Trinken wir auf ihn?«, fragte Antoine. Er stand auf und hob sein Glas.

»Hat er das denn verdient?«, brummte ich missmutig.

Wieder zuckte er mit den Schultern und sah mich eine Weile abwartend an. »Auf Papa«, sagte er dann.

»Auf Papa«, erwiderte ich matt und stieß mein Glas gegen seines.

»Ich habe ihn vielleicht wirklich öfter gesehen als du«, sagte Antoine, nachdem wir beide einen großen Schluck getrunken und uns wieder hingesetzt hatten. »Aber dafür war ich immer nur der heimliche Sohn. Ich bin hier rein- und rausgeschlichen wie der Pizzabote, und wir haben uns nie irgendwo in der Öffentlichkeit getroffen. Verstehst du, Max? Nie. Er war bei keinem meiner Geburtstage, nicht bei meinem Schulabschluss, ich war nie mit ihm im Kino oder Eis essen. Ich kannte ihn nur in dieser Wohnung. Und er zog die Vorhänge zu, bevor ich kam. Als ob ich irgendwas Schmutziges wäre, das man vor der Welt verstecken muss.«

»Okay«, sagte ich. »Ich bin nicht neidisch.«

»Besser so.« Er lächelte vorsichtig, dann schien er eine Weile nach den richtigen Worten zu suchen. »Er hätte gerne gewollt, dass wir uns kennenlernen, weißt du?«, sagte er schließlich vorsichtig. »Deshalb wollte er dich immer überreden, mal nach Brüssel zu kommen. Er wollte das alles, also mich von deiner Mutter fernhalten. Aber dir wollte er es immer sagen.«

»Und deine Mutter?«, fragte ich schnell, um mich selbst von dem Gedanken abzulenken, was alles hätte anders laufen können, wenn ich nicht so stur gewesen wäre und Antoine schon vor Jahren kennengelernt hätte. »Waren die beiden lange zusammen?«

Antoine schüttelte mit dem Kopf. »Das ging ein paar Wochen«, sagte er dann. »Als *maman* gemerkt hat, dass sie schwanger ist, war es schon wieder aus mit den beiden. Aber unser Vater hat sich nicht nur um mich, sondern auch um sie gut gekümmert, die ganze Zeit.«

»Gut«, sagte ich mit echter Erleichterung.

Wir tranken beide gleichzeitig von unseren Whiskeys und blieben auch danach noch einige Sekunden still.

»Dieser Zettel, den ich bekommen habe«, sagte ich irgendwann, und er nickte, damit ich weitersprach. »Der war von dir, oder?«

»Ich wusste nicht, wie ich dich kontaktieren sollte. Aber ich wollte dich unbedingt nach Brüssel locken.«

»Na ja«, sagte ich. »Das hast du geschafft.« Er grinste. »Auch wenn ich mir noch nicht sicher bin, ob ich das glauben soll.«

»Dass unser Vater umgebracht wurde?«, fragte Antoine.

Alleine diese Worte fühlten sich an wie ein Schlag in meinen Magen. Ich nickte.

»Aber dass wir Brüder sind«, er sah mich mit großen Augen an und seine Stimme zitterte leicht, »das glaubst du?«

Ich atmete noch einmal tief durch. Dann nickte ich und sagte: »Ja.«

Antoine schossen Tränen in die Augen, und eine Sekunde später passierte mir genau das Gleiche.

»Darf ich dich umarmen?«, fragte er und ich nickte.

Wir standen auf und nach einem letzten kurzen Zögern fielen wir uns in die Arme. Einen Herzschlag später schluchzten wir beide hemmungslos.

Nachdem ich uns noch mal zwei großzügige Drinks eingeschenkt hatte, setzten wir uns an den Esstisch und Antoine fragte mich: »Was weißt du über Matteo Messina?«

»Den Kommissionspräsidenten?«

»Genau den«, erwiderte er und nickte ernst.

»Na ja«, sagte ich. »Ich weiß, dass er ein erzkonservativer italienischer Sack ist. Und dass Papa und er sich gehasst haben. Und zwar nicht nur, weil sie aus ganz unterschiedlichen Parteien kommen.«

»Richtig«, sagte Antoine. »Und weiter?«

»Keine Ahnung«, sagte ich. »Außer dass ich ihn auch nicht leiden kann. Weil der Kerl nämlich schon aussieht wie der Bösewicht in einem James-Bond-Film.«

»Was zwar oft nichts über den Charakter eines Menschen aussagt«, fügte mein Bruder tadelnd hinzu. »In diesem Fall aber schon.«

Als Kommissionspräsident war Messina eigentlich deutlich mächtiger als mein Vater mit seinem Parlamentspräsidentenposten gewesen, und zwar sowohl formal als auch tatsächlich. Trotzdem hatte mein Vater es immer wieder verstanden, seine Stellung zu nutzen, um Messina Stöcke zwischen die Beine zu werfen, wo er nur konnte. Wofür ihn der anständige Teil von Europa geliebt hatte.

»Messina ist hochgradig korrupt«, erklärte mir Antoine, was ich zwar noch nicht gewusst hatte, was mich aber auch wirklich nicht wunderte. »Von McDonald's bis zu den Russen gibt es, glaube ich, so ziemlich keinen mehr, von dem der noch kein Geld angenommen hat. Das ist in Brüssel so was wie ein offenes Geheimnis. Nur konnte man ihm bisher noch nie etwas nachweisen. Aber unser Vater war dran.«

»Woher weißt du das?«, fragte ich aufgeregt.

»Einmal, als ich hier war, ist er kurz zum Telefonieren rausgegangen in den Flur. Das war schon merkwürdig, weil er sein Telefon an unseren Abenden eigentlich immer ausgemacht hatte. Aber an diesem Tag hat es geklingelt, und er meinte, es sei sehr wichtig, und er müsse da rangehen.«

»Und dann?«, fragte ich.

»Na, ich hab gelauscht. Alles hab ich nicht mitbekommen, aber ich bin mir ziemlich sicher, dass er mit Klaus Willmann telefoniert hat. Und dass es darum ging, dass er jetzt bald genug zusammen hätte, um Messina aus dem Amt zu jagen.«

»Klaus Willmann«, murmelte ich. Der schneidige Holländer also, der meinen Vater als Parlamentspräsident beerbt hatte. Bisher hatte ich am ehesten ihm zugetraut, bei Papas Tod die Finger im Spiel gehabt zu haben.

»Ich weiß, was du gerade denkst«, sagte Antoine. »Aber Willmann ist cool, glaub mir. Der war der Einzige, der von mir wusste, unser Vater hat es ihm irgendwann mal im Suff erzählt. Aber es wurde nie publik, er hat also dichtgehalten. Ich bin sozusagen das bestgehütete Geheimnis der EU.« Er lächelte verschmitzt, doch es schwang auch eindeutig Wehmut in seiner Stimme mit. »Was ich sagen will, ist: Wenn Willmann unseren Vater hätte aus dem Weg räumen wollen, um selbst Parlamentspräsident zu werden, hätte er ihn nicht gleich umbringen müssen. Er hätte damit anfangen können, eine kleine Schmutzkampagne gegen ihn loszutreten. Und gegen mich und meine Mutter. Aber das hat er nicht getan.«

»Mh«, machte ich. »Meinetwegen.« So ganz hatte mich das noch nicht überzeugt, aber ich ließ es mal so stehen. »Das ist jetzt aber alles auch noch kein Beweis, dass dieser Messina unseren Vater auf dem Gewissen haben soll«, fuhr ich fort. »Auch wenn es verdammt unbefriedigend ist, aber für mich ist ein stinknormaler Verkehrsunfall immer noch am wahrscheinlichsten.«

»Du weißt, dass ich auch im Europaparlament arbeite, oder?«, fragte Antoine.

»Ja«, sagte ich. »Als Hausmeister.«

»Ich arbeite in der *Haustechnik*«, korrigierte mich mein Bruder scharf. »Auch wenn Primiano, die kleine Tunte, gerne was anderes behauptet.«

»Okay«, gab ich zurück. »Sei mir nicht böse, aber wo ist der Unterschied?«

»Der Unterschied ist«, erklärte Antoine leicht eingeschnappt, »dass der Hausmeister kaputte Glühbirnen auswechselt. Und der Haustechniker hilft, wenn das ganze Stromnetz im Gebäude eine Störung hat. Oder die Überwachungskameras spinnen.«

»Ich verstehe«, sagte ich. »Und?«

»Ich habe Zugriff auf die Sicherheitsprotokolle. Die Aufnahmen der ganzen Kameras im Haus, die Daten, wer sich wann ein- oder ausgecheckt hat an den Schleusen am Eingang. Und am Abend, an dem der Unfall passiert ist, haben zwei Mitarbeiter von Messina kurz nach unserem Vater das Parlament verlassen. Und zwar genau die, die allgemein dafür bekannt sind, für ihn die Drecksarbeit zu machen.«

»Okay«, sagte ich, »aber was heißt das?«

Antoine seufzte. »Das heißt meiner Meinung nach, dass die im Parlament rumgelungert und gewartet haben, dass unser Vater losfährt. Um ihm dann hinterherzufahren und den Unfall zu verursachen.«

»Na ja.« Ich dachte nach. »Glaub mir, ich würde es auch befriedigender finden, wenn es einen Schuldigen für Papas Unfall gäbe. Aber. Das klingt ehrlich gesagt immer noch nicht so überzeugend.«

»Weißt du, warum Vater an dem Abend selbst gefahren ist?«

»Wie meinst du das?«, wollte ich wissen. Darüber hatte ich mir noch gar keine Gedanken gemacht.

»Sein persönlicher Chauffeur hatte an dem Abend ganz plötzlich Magenschmerzen bekommen. Und Vater wollte nicht warten, bis ihm die Fahrtbereitschaft einen Ersatz schickt, weil er nämlich dringend wo hinwollte. Nachdem er einen Anruf aus dem Büro von Messina bekommen hatte. Das habe ich nachverfolgt.«

»Ich dachte, er war auf dem Weg zu uns nach Hause«, sagte ich tonlos.

»Kann schon sein, dass er das danach noch vorhatte. Aber als Erstes wollte er zu Messina.«

»Also glaubst du …?«, fragte ich.

»Messinas Handlanger sind ins Parlament gekommen, wo sie erst den Chauffeur außer Gefecht gesetzt haben. Vielleicht haben sie ihm was in den Kaffee gerührt oder ihn auch einfach nur bestochen, keine Ahnung. Dann ruft Messina bei Vater an und bittet ihn dringend zu sich. Vielleicht hat er ihm sogar ein Geständnis in Aussicht gestellt zu seinen ganzen Machenschaften. Vater hatte es jedenfalls unglaublich eilig, dorthin zu kommen, deshalb setzte er sich selbst ans Steuer. Und von unterwegs ruft er Klaus Willmann an, auch das habe ich rausgefunden. Messina wohnt in einer Villa außerhalb der Stadt. Und zwei Kilometer davon entfernt hatte Vater den Unfall. Auf einer Landstraße, wo kaum andere Autos unterwegs sind. Also auch keine Zeugen. Praktisch, oder?«

Ich schaute auf die Tischplatte und schluckte. Was

Antoine mir gerade aufgezählt hatte, war noch lange kein stichhaltiger Beweis. Aber es machte einfach zu viel Sinn, um einfach so von mir abgetan zu werden. Vor meinem geistigen Auge formte sich das schnöselig arrogante Gesicht dieses Signore Messina. Ich hatte ihn noch nie leiden können, obwohl ich ihn nur aus dem Fernsehen kannte. Zu Papas Trauerfeier hatte er sich nämlich nicht bemüht. Und man soll Menschen wirklich nicht nach ihrem Äußeren beurteilen, da hatte mein Bruder schon recht. Aber wer so aussah wie Messina, schreckte bestimmt auch vor Mord nicht zurück.

»Ich war am Montag bei Klaus Willmann«, sagte ich leise. »Er hatte mich in sein Büro bestellt und mich so komisch gewarnt, dass ich Brüssel am besten schnell wieder verlassen sollte. Da hab ich tatsächlich gedacht, wenn jemand Papa umgebracht hat, dann war er das. Und dass er mich jetzt loswerden wollte.«

Doch Antoine schüttelte bestimmt den Kopf: »Willmann ist in Ordnung, glaub mir. Er und Papa waren Freunde, und zwar richtige. Keine Parteifreunde oder so ein Scheiß. Messina ist das Problem. Und Willmann wollte dich nur aus der Schusslinie haben.«

»Und was machen wir jetzt?«

»Du möchtest also was tun?«, fragte Antoine und strahlte dabei erleichtert.

»Na, was denkst du denn?«, gab ich zurück.

»Okay, aber erst muss ich dir noch was anderes sagen. Und das wird dir nicht gefallen.« Plötzlich sah er aus, als ob ihm ziemlich unwohl wäre.

»Okay?«, fragte ich. »Und was?«

»Es gibt ein Video von dir.«

Ich schluckte, weil Antoines Blick mir sagte, dass mir diese Sache wirklich ganz und gar nicht gefallen würde.

»Und was ist da drauf?«, fragte ich.

»Du. Und deine zwei Möbelpacker. Wie ihr hier auf der Couch …«

»Schon gut«, sagte ich schnell. »Ich weiß, was du meinst.« Plötzlich war mir eiskalt und gleichzeitig so heiß, dass mir der Schweiß ausbrach. Mein Magen verkrampfte sich und kurz überlegte ich, ob ich auf der Stelle kotzen müsste. Die ganze Nummer auf der Couch war ein abgekartetes Spiel gewesen. Und jetzt gab es ein Sextape von mir. Was für eine Scheiße! Ich hatte eine unfassbare Wut auf diese beiden Typen in mir, die mir offensichtlich eine Falle gestellt hatten. Und gleichzeitig hätte ich mich selbst ohrfeigen können, weil mir die ganze Sache damals schon irgendwie komisch vorgekommen war und ich mich trotzdem auf sie eingelassen hatte. »Man sieht alles, nehme ich an?«, fragte ich mit matter Stimme.

»Leider ja. Tut mir leid.«

»Gesicht und …?«

Er nickte.

»Wie haben sie es gemacht?«, wollte ich wissen.

»Der billigste Trick der Welt. Einer von beiden hat sein Handy dort im Regal platziert«, er zeigte in Richtung des riesigen Bücherregals voller juristischer Fachbücher »und euch gefilmt.«

»Wozu?«, fragte ich leise.

»Na ja, ich denke, zum einen wollte irgendwer einfach wissen, ob du tatsächlich schwul bist. Und ob du so leicht zu kriegen bist wie Papa. Was du ja leider bist.« Den Spruch hatte er sich einfach nicht verkneifen können. Doch ich hatte keine Lust, deswegen zu streiten, also sagte ich nichts. »Und ich nehme an«, fuhr er fort, »bei Gelegenheit wird man es dir vorspielen, um dich damit erpressen zu können.«

Ich fühlte mich wie die traurigen Fetzen eines Luftballons, in den gerade jemand eine lange Nadel gestochen hatte.

»Woher weißt du das?«, fragte ich.

»Deine beiden sogenannten Möbelpacker arbeiten in der Kommission, für Messina. Die sind offiziell tatsächlich Hausmeister, drehen aber die meiste Zeit krumme Dinger für ein bisschen Taschengeld. Und Überraschung: Messina ist ihr bester Kunde.«

»Und woher weißt du jetzt – «, fragte ich ungeduldig, doch Antoine bedeutete mir mit einer Handbewegung, dass ich ihm einfach weiter zuhören sollte.

»Sie haben sich in ihrem Pausenraum darüber unterhalten. Weil sie dachten, sie wären alleine. Waren sie ja auch. Nur hatte ich den schon lange vorher verwanzt, weil Vater und Willmann wissen wollten, was die beiden Affen so quatschen. Und nachdem ich das gehört hatte, habe ich das Handy des einen gehackt. Dort habe ich das Video gefunden.«

»So was kannst du?«, fragte ich.

»Wie gesagt«, erklärte Antoine schulterzuckend. »Ich bin nicht nur der Hausmeister.«

»Aber löschen konntest du es nicht?«

»Das wäre nur aufgefallen. Und gebracht hätte es auch nichts, weil das Filmchen längst auf einem USB-Stick in

Messinas Safe liegt, da kannst du dich drauf verlassen. Und wahrscheinlich hat er sich schon fünfmal einen drauf runtergeholt. Der lässt es sich nämlich auch gerne von den beiden besorgen.«

»Messina ist schwul?«, fragte ich laut.

»Stockschwul. Mit Frau und zwei Kindern in Rom«, erklärte Antoine. »Darf also keiner wissen. Würde in der Partei, in der er ist, auch nicht so gut ankommen.«

»Diese beiden Möbelpacker«, sagte ich, »die hat mir der Concierge hier aus dem Haus aufgeschwatzt.«

»Das wollte ich dir auch noch sagen. Der steht ebenfalls bei Messina auf der Gehaltsliste. Wusste Papa auch schon. Deshalb konnte ich immer nur dann vorbeikommen, wenn der alte Scheißer seinen freien Tag hatte.«

»Und warum hat Papa nichts dagegen gemacht?«

»Aus dem gleichen Grund, aus dem du auch nichts machen oder zu ihm sagen wirst«, erwiderte Antoine eindringlich. »Um Messina in Sicherheit zu wiegen.«

»Hat Papa ja echt viel gebracht«, murmelte ich bitter. »Ich bin müde. Und ich muss nachdenken.«

»War ganz schön viel, oder?« Antoine lächelte mich freundlich an. Und trotz allem konnte ich nicht anders als zurückzulächeln. Trotz der ganzen beschissenen Nachrichten, die dieser Abend mit sich gebracht hatte, hatte ich jetzt einen Bruder. »Ich geh dann mal«, sagte Antoine. »Schön, dass wir uns unterhalten haben.«

»Finde ich auch«, sagte ich.

Er schob mir einen Zettel rüber. »Hier ist meine Nummer. Meld dich, wenn du alles hast sacken lassen. Dann überlegen wir, was wir tun können.« Ich nickte. »Und bis dahin kein Wort zu niemandem«, schärfte er mir noch ein. »Das muss ich dir sicher nicht extra sagen. Und schon gar nicht zu Primiano, dieser nervtötenden Schwuchtel. Der stammt nämlich rein zufällig aus demselben apulischen Bergkaff wie unser guter Signore Messina. Und es würde mich sehr wundern, wenn das ein reiner Zufall wäre.«

»Kann man hier überhaupt jemandem vertrauen?«, fragte ich resigniert.

»Kannst du, Max«, gab Antoine zurück. »Deiner Familie.«

Wir grinsten uns an. Und dann umarmten wir uns noch einmal sehr fest.

Ich brachte meinen Bruder zur Tür und verabschiedete ihn. Danach schloss ich zweimal ab und ging zurück ins Wohnzimmer, wo ich mich auf die Couch setzte. Inzwischen war es schon mitten in der Nacht, doch mir war klar, dass ich trotz meiner Müdigkeit noch lange nicht würde schlafen können. Also stand ich wieder auf und lief in den Flur, um meine Schuhe anzuziehen. Dabei verfluchte ich Papa für die Gene, die ich ganz offensichtlich von ihm mitbekommen hatte. Doch mir war klar, was mich nach diesem Abend als Einziges auf andere Gedanken bringen würde: Ich musste ganz dringend noch irgendwo vögeln.

Auf die Treppe genagelt

Kurz überlegte ich, noch einmal zurück zu Primianos Wohnung zu fahren, wo zu dieser Zeit sicher noch heftig herumgebumst wurde. Aber nach allem, was ich von Antoine gehört hatte, hatte ich keine Lust mehr, irgendjemanden zu sehen, der auch nur entfernt etwas mit dem Parlament zu tun hatte – und Primiano schon gar nicht. Davon abgesehen hätte dieses gerissene Luder sofort gemerkt, dass mit mir irgendwas nicht stimmte. Und ich wette, er hätte keine Ruhe gegeben, bis ich ihm erzählte, was genau mein Problem war. Dabei konnte ich ihm wohl kaum sagen, dass ich mir nun fast sicher war, dass dieses Ekel Messina meinen Vater umgebracht hatte. Und dass ich außerdem wusste, dass Mia und der fiese Kommissionspräsident aus dem gleichen Dorf stammten, und deshalb höchstwahrscheinlich auch irgendwie unter einer Decke steckten, was im schlimmsten Fall sogar buchstäblich zu verstehen war.

Mir wurde schlecht, als ich über all das nachdachte. Und dabei hatte ich gerade angefangen, diese Stadt zu mögen. Doch jetzt hätte ich am liebsten noch in der gleichen Nacht meine Koffer gepackt, hätte die Wohnung verkauft – oder noch besser abgefackelt – und wäre nie wieder nach Brüssel zurückgekehrt.

»Musst du auch nicht«, flüsterte ich bitter. »Bald kannst du gehen. Aber erst musst du diese Sache hier zu Ende bringen.«

Und zuallererst musste ich mich irgendwie von dieser ganzen Scheiße ablenken, um nicht völlig durchzudrehen. Aber wo? Ich klappte meinen Laptop auf und klickte mich zu Google. Irgendwo in diesem Gomorra musste es an einem Samstagabend doch eine schwule Party geben! Und zur Abwechslung hatte ich tatsächlich mal Glück. In der Nähe der Börse fand etwas statt, das den vielversprechenden Namen *Them Naughty Boys and all of their Friends* trug. Ich sah auf die Uhr. Inzwischen war es kurz vor halb drei. Aber dort würde sicher noch was los sein. Also blickte ich kurz in den Spiegel, roch unter meinen Achseln und war in Anbetracht der Umstände mit beidem so weit zufrieden. Ich schnappte mir den Hausschlüssel und mein Portemonnaie und machte mich auf den Weg.

Als ich aus dem Taxi stieg, erkannte ich sofort an der Anzahl der Typen, die vor dem Eingang herumstand und rauchte, dass da drinnen noch einiges los sein musste. *Sehr gut*, dachte ich. Musste ich also nur noch einen Kerl da drinnen auftreiben, mit dem ich eine kleine Nummer schieben konnte, und zwar am besten direkt an Ort und Stelle, damit ich noch vor dem Morgengrauen zurück nach Hause käme, um vielleicht doch noch etwas Schlaf zu finden.

Als ich in Richtung der Clubtür lief und dabei die rauchenden Jungs passierte, entdeckte ich plötzlich ein bekanntes Gesicht im Augenwinkel. Ich drehte meinen Kopf zur Seite – und erkannte ihn im gleichen Moment wie er mich. Es war Jeffrey, der geile Brite, der im Sportstudio des Parlaments zuerst meine Haltung bei den Liegestützen korrigiert und mich danach fachmännisch unter der Dusche in den Arsch gefickt hatte. Gerade hing ihm cool eine Kippe im Mundwinkel und bis vor zwei Sekunden hatte er sich dazu mit seinen nicht minder geilen Kumpels unterhalten, doch die ignorierte er jetzt, um mich besser vielsagend anstarren zu können. Doch das machte mir gar nichts, stattdessen starrte ich einfach zurück. Auf sein bis unter die Brust aufgeknöpftes Businesshemd zum Beispiel, unter dem er einen Lederharnisch trug, oder auf die Fußballkniestrümpfe, die von seinen weißen Sneakern aus seine dicken Waden hochwuchsen. Oder auf die Beule in seinen blauen Glanzshorts.

Mein Herz und meine Eier machten gleichzeitig einen Satz, als ich die betrachtete, denn der Sex mit ihm war wirklich geil und gleichzeitig auch noch auf eine sehr schmutzige Art romantisch gewesen. Doch schon eine Sekunde später schaltete sich leider mein Hirn dazwischen und erinnerte mich daran, dass ich in dieser Nacht eigentlich niemanden aus dem Dunstkreis der Parlaments mehr sehen wollte, und zwar aus gutem Grund. Ich konnte nämlich keinem von ihnen vertrauen. Aber in diesem Moment war es eh schon zu spät. Denn auf einmal fixierte Jeffrey mich, als hätte er schon die ganze Zeit auf mich gewartet, dann warf er achtlos seine Zigarette weg und ließ ohne ein weiteres Wort seine Freunde stehen. Ohne Eile kam er zielstrebig auf mich zu, bleib nur Zentimeter vor mir stehen und packte mich mit der rechten Hand am Kinn.

Schließlich beugte er sich leicht nach vorne und verpasste mir ungefragt einen Zungenkuss. Der schmeckte nach Bier und Tabak, aber seltsamerweise fand ich das überhaupt nicht eklig, sondern einfach nur geil. Und selbst, wenn ich mich hätte wegdrehen wollen, wäre das wegen des Schraubstocks, in dem mein Kinn steckte, gar nicht gegangen. Ich lehnte mich jetzt ebenfalls leicht nach vorne, so gut das sein Griff zuließ. Und ich erwiderte seinen Kuss, während ich langsam, aber sicher einen Ständer bekam. Nachdem wir uns eine gute Minute abgeknutscht hatten, löste er seine weichen Lippen von meinen und beugte sich an meinem Kopf vorbei noch ein Stück weiter nach vorne.

»Vertraust du mir?«, flüsterte er mir dann leise ins Ohr.

»Ähm, nein?«, antwortete ich. Auch wenn ich eigentlich nichts lieber getan hätte als das.

»Besser so«, gab er zurück. »Kommst du trotzdem mit mir mit?«

»Vielleicht«, sagte ich. »Weiß noch nicht.«

»Sehr gut.« Jetzt endlich ließ er mein Kinn los und nutzte seine freigewordene Hand, um ein gerade vorbeifahrendes Taxi zu uns ranzuwinken.

»Ich war eigentlich noch dabei zu überlegen«, protestierte ich, als er mir die Hand besitzergreifend um die Schultern legte, womit ich es echt schwer gehabt hätte, mich von ihm zu befreien, falls ich das gewollt hätte.

»Pech«, gab er aber nur zurück, worauf sein Griff noch einmal fester wurde.

Nachdem das Auto gehalten hatte, schob er mich zur Hintertür, bugsierte mich wie einen Umzugskarton auf die

Rückbank und setzte sich neben mich. Er schloss die Tür, nannte dem Fahrer in eher unrundem Französisch eine Adresse und wir fuhren los.

»Verrätst du mir, was das hier wird?«, fragte ich empört.

»Nein«, gab er ernst zurück, ohne mich dabei anzuschauen.

»Ähm, werde ich gerade entführt?«

»Du wirst gerettet.«

Ich holte Luft, um etwas darauf zu antworten, doch er legte mir seine Hand auf den Oberschenkel. Und zwar auf die Art, von der klar war, dass sie mich zum Schweigen bringen sollte. Also erwiderte ich nichts mehr, zog aber dafür mein Handy aus der Tasche und machte mich daran, eine SMS an Antoine zu tippen.

»Das würde ich an deiner Stelle nicht tun«, sagte Jeffrey, der mir trotz seines guten Aussehens und des immer noch nachwirkenden Kusses langsam auf die Nerven ging.

»An meiner Stelle mache ich es aber trotzdem«, erwiderte ich. Ich bemühte mich, meinen Blick starr auf den Bildschirm meines iPhones gerichtet zu halten. Im Augenwinkel konnte ich trotzdem sehen, dass er gar nicht glücklich war über das, was ich da tat, also umklammerte ich das Handy so fest ich konnte, um es mir nicht bei einem Überraschungsangriff aus der Hand reißen zu lassen. Doch offenbar wollte er mir vor dem Fahrer keine Szene machen. Zumindest ließ er mich gewähren.

Weil ich mir in der ganzen Hektik leider die Adresse nicht gemerkt hatte, die er beim Einsteigen ins Taxi genannt hatte, teilte ich meinen aktuellen Standort mit Antoine und stellte die Funktion so ein, dass er meine

Position jederzeit orten konnte, bis ich es wieder aktiv ausstellen würde.

›??‹, schrieb er zwei Sekunden später zurück. Er war also noch wach. Gut.

›Erklär's dir später‹, tippte ich gehetzt, weil das Taxi schon wieder langsamer wurde. ›Hab einfach ein Auge auf mich.‹

›Wollte gerade ins Bett gehen, aber bitte!‹, kam kurz darauf als Antwort.

Ich wollte ihm noch schreiben, dass man eben auch mal ein Opfer bringen muss, wenn man Geschwister hat, doch wir hielten bereits an und mein Retter-Schrägstrich-Entführer schob dem Fahrer einen Zehner nach vorne durch. Ohne auf Wechselgeld zu warten, packte er mich erneut wie einen ungezogenen Schuljungen am Handgelenk und zog mich hinter sich aus dem Auto.

»Kannst du mir bitte mal verraten, was das hier werden soll?«, rief ich, als er mich zielstrebig zu einer Haustür schleifte, während er mit seiner freien Hand einen Schlüssel aus der Tasche seiner kurzen Shorts zog.

»Sagte ich doch schon«, presste er zwischen den Zähnen hervor, während er die Tür aufschloss. »Ich rette dich.«

»Aha!«, gab ich zurück. »Und darf ich auch wissen, vor wem? Und weswegen?«

»Nein.« Er schob mich vor sich in den Eingang, blickte sich noch einmal kurz auf der Straße um, ob uns irgendjemand gefolgt war, dann kam er hinter mir ins Treppenhaus und schlug die Tür zu. Als ich gerade Luft holen wollte, um noch einmal zu fragen, was das hier sollte, presste er mich blitzschnell gegen die Wand, umschloss meine

Kehle mit einer seiner Pranken und kam meinem Gesicht dann mit seinem ganz nah. »Du hast mich in der letzten Woche verdammt viel Zeit gekostet, Maximilian von Hammerschmidt«, knurrte er dann und sah mich mit einem Blick an, als wäre er sich nicht ganz sicher, ob er mich ficken oder erwürgen wollte. Oder beides. »Verdammt viel Zeit«, wiederholte er, »und noch mehr Nerven.«

»Und jetzt soll ich mich entschuldigen, oder was?«, fragte ich und war stolz auf mich, dass das deutlich aufmüpfiger klang, als ich mich in dem Moment fühlte. So langsam bekam ich es nämlich ein bisschen mit der Angst zu tun. Was mich seltsamerweise irgendwie anmachte.

»Solltest du«, gab er kalt zurück. Dann öffnete er seinen Mund und leckte mir einmal quer über mein Gesicht, während er mich immer noch an der Kehle gepackt hielt. Gleichzeitig verstärkte er dort den Druck, sodass ich automatisch meinen Mund öffnete, um noch genügend Luft zu bekommen. Er musste nur darauf gewartet haben, denn noch in der gleichen Sekunde spuckte er mir volle Kanone direkt in meinen Rachen. Das hatte noch nie jemand mit mir gemacht! Ich war erschrocken, empört und gleichzeitig geil. Mit großen Augen schaute ich den Kerl an, der jetzt schief grinste.

»Damit hast du nicht gerechnet, was?«, fragte er.

Ich schüttelte den Kopf, soweit das in seiner Umklammerung möglich war, und er nickte zufrieden. Danach fuhr er mir mit der freien Hand übers Gesicht, um die Spucke, die seine Zunge zurückgelassen hatte, noch großflächiger zu verteilen. Jetzt war seine DNA in meinem ganzen Gesicht verteilt. Und der Gedanke, dass ich damit quasi als seine kleine Schlampe markiert war, sorgte dafür, dass ich einen knallharten Ständer bekam. Jeffrey merkte das und rieb nun seinen Kolben gegen meinen. Er grinste zufrieden. Dann tätschelte er mir so grob die Wange, dass nicht ganz klar war, ob das jetzt schon als Ohrfeige gemeint war oder nicht. Die Ungewissheit machte mich jedenfalls noch ein bisschen heißer.

»Du kannst einfach nicht das tun, was man dir sagt, oder?«, fragte er, und seine Lippen waren meinen jetzt so nahe, dass ich spürte, wie sie sich dabei bewegten.

»Doch«, flüsterte ich. »Kann ich.« Und in diesem Moment wollte ich auch nichts lieber tun als alles, was dieser Kerl von mir verlangte.

»Das sah bisher aber nicht so aus!«, rief er plötzlich und schleuderte mich gleichzeitig mit seiner ganzen Kraft auf die Treppe. Ich landete mehr oder weniger auf dem Rücken, mit dem Hintern auf der dritten oder vierten Stufe und gleichzeitig mit den Schultern hart auf einer der oberen Kanten. Kurz schnappte ich nach Luft, und als ich mich gerade wieder aufrichten und heftig protestieren wollte, stellte er seinen rechten Fuß auf meine Brust und drückte mich damit zurück nach unten. Ich stöhnte unter dem Gewicht des massiven Beins, während mir gleichzeitig die Kante einer Stufe ins Kreuz schnitt. Meine Hände umklammerten den Knöchel des Kerls und versuchten verzweifelt, ihn von meinem Oberkörper zu bekommen. Was natürlich vergeblich war.

»Du tust mir weh!«, stöhnte ich.

»Ich weiß«, antwortete er seelenruhig und erhöhte den Druck sogar noch. Dabei grinste er schief. Dann öffnete er den Knoten seiner kurzen Läuferhose und zog sie sich langsam herunter, bis mit einem Mal sein steifer Prachtschwanz emporschnellte. Unweigerlich lief mir das Wasser im Mund zusammen, doch gleichzeitig schielte ich nach oben in Richtung erster Stock. Hatte der Typ denn gar keine Angst, dass gleich einer seiner Nachbarn im Treppenhaus aufkreuzen könnte?

»Willst du ab sofort immer machen, was ich dir sage?«, fragte er mich, und der weiße Sneaker, in dem sein rechter Fuß steckte, wanderte auf meinem Körper weiter nach oben, sodass er mir jetzt von unten heftig gegen das Kinn drückte.

»Mh-hm«, machte ich nur, weil ich so weder sprechen noch nicken konnte.

»Sehr gut«, grunzte er zufrieden. »Dann mach's Maul auf.«

Plötzlich nahm er seinen schweren Fuß von meinem Hals, stellte ihn mir aber direkt danach auf die Stirn, sodass mein Kopf nach hinten gedrückt wurde, bis er mit überstrecktem Nacken auf einer der Treppenstufen zum Liegen kam. Außer der blauen Profilsohle seines Sneakers konnte ich nichts mehr sehen, doch ich tat, wie mir geheißen worden war und öffnete meinen Mund. Kurz darauf landete eine zielgerichtete neue Ladung Spucke darin. Sie schmeckte nach Adrenalin. Ich fand es unglaublich geil.

Auf einmal waren all meine Sorgen wie weggewischt und eine Art Sex-Autopilot übernahm alles Denken und Handeln für mich. Ich erinnerte mich kaum mehr, wie ich überhaupt in diesem Treppenhaus gelandet war, aber ich hatte in diesem Moment auch absolut keine Lust, darüber nachzudenken. Das Einzige, was ich wollte, war, mich diesem Muskelprotz hinzugeben, alles zu tun, was er mir sagte, und zur Abwechslung mal den Kopf dabei auszuschalten.

Als er endlich seinen Fuß von meiner Stirn nahm, um sich die Hose auszuziehen, blickte ich nach oben und konnte sehen, dass er sein Hemd bereits losgeworden war. Er trug jetzt nur noch den Harnisch, die Kniestrümpfe und seine Schuhe, und er machte sich nun daran, einen Faden seines glitzernden Vorsafts von seiner Eichel zu ziehen und ihn dann zwischen seinen Fingern zu zerreiben. Dabei blickte er prüfend auf mich herab, als wollte er sichergehen, dass ich sein kleines Schauspiel auch angemessen genoss. Und das tat ich. Unweigerlich wanderten meine Hände in meinen Schritt, wo mein Schwanz gerade dabei war, langsam, aber sicher meine Hose zu sprengen.

»Schön langsam«, knurrte er, als ich Knopf für Knopf öffnete und dann mein Becken leicht anhob, um mir gleichzeitig Jeans und Boxershorts herunterzuziehen. Er stellte sich jetzt mit dem linken Fuß auf Höhe meiner Hüfte und mit dem rechten drei Stufen weiter oben neben meinen Kopf, sodass ich einen geilen Blick auf die behaarten Innenseiten seiner prallen Schenkel, seine dicken Bullenklöten und seinen senkrecht abstehenden eisenharten Schwanz hatte. »Ganz ausziehen«, befahl er mir, und ich folgte. Ich streifte mir erst die Schuhe von den Knöcheln und zog mir dann die beiden Hosen aus, während ich immer noch auf den Treppenstufen lag. Doch die harten Kanten in meinem Rücken spürte ich schon gar nicht mehr.

»Darf ich mich wichsen?«, fragte ich.

»Darf ich mich wichsen, *was*?«, gab er kalt zurück und

kickte mir mit der Schuhspitze gegen die Schläfe. Nicht sehr stark, aber doch so, dass sich sofort ein geiler Schmerz in meinem Gesicht ausbreitete.

»Darf ich mich wichsen, *Sir?*«, wiederholte ich meine Frage. Dieses Mal korrekt, wie ich hoffte.

Er grinste zufrieden. Dann sagte er: »Nein.«

Blitzschnell beugte er sich zu mir herunter, packte mich an der Hüfte und drehte mich vom Rücken auf den Bauch. Schon wieder machte er das so mühelos, als ob ich leicht wie ein Blatt Papier wäre. Ich stöhnte auf vor Schmerz, weil mein gerade aus der Hose befreiter Ständer über die Treppenstufe schrubbte, die schon länger keiner mehr gefegt hatte. Schnell stemmte ich meinen Oberkörper hoch, sodass ich jetzt auf allen vieren auf der Treppe kniete, die Ellenbogen drei Stufen über den Knien. Mit der linken Hand griff ich mir an meinen Schwanz, um den Straßenschmutz von ihm zu wischen. Und ich erkannte zu spät, dass ich nun ganz genau die Stellung eingenommen hatte, in der er mich haben wollte.

»Gleich tut's noch ein bisschen mehr weh, Prinzessin«, flüsterte er angegeilt, während er hinter mir langsam in die Hocke ging. Eine Sekunde später spürte ich seine dicke, heiße Eichel an meinem Arschloch. Und ich merkte, wie er sie langsam nach vorne drückte.

»Bitte nicht«, flehte ich heißer. »Nicht so.« Denn ich wusste, wenn er dieses riesige Ding jetzt ohne Gleitgel oder wenigstens ein bisschen Spucke in mir versenken würde, würde ich vor Schmerz ohnmächtig werden. Ich machte einen Buckel, um meinen Arsch vor dem Kolben in Sicherheit zu bringen, doch er presste mir sofort seine zur Faust geformte Pranke auf den unteren Rücken und zwang meinen Hintern damit wieder zurück zu seiner Schwanzspitze.

»Bitte!«, presste ich voller verzweifelter Geilheit hervor.

Ich hörte ihn hinter mir leise lachen. Dann beugte er sich nach vorne und hielt mir eine Hand vors Gesicht.

»Reinspucken«, sagte er.

Erleichtert atmete ich durch, dann sammelte ich noch den letzten Tropfen Spucke, den ich in meinem Mund auftreiben konnte, und spuckte ihm alles in die Handfläche.

»Gut so«, lobte er und klopfte mir anerkennend mit der Faust auf den Rücken. Kurz darauf spürte ich seine andere Hand zwischen meinen Arschbacken, wo sie meine Spucke sanft, fast schon zärtlich, auf meinem Loch verschmierte. Wieder stöhnte ich auf, dieses Mal jedoch nicht vor Schmerz und Angst, sondern aus purer Lust, und wieder hörte ich ihn leise lachen. »Gefällt dir, was?«, fragte er heiser.

»Ja«, gab ich zurück, worauf er mir sofort zwei Finger ins Loch rammte.

»Ja, *was*?«, fragte er, während er mich grob mit den beiden Fingern fickte.

»Ja, *Sir*!«, rief ich mit schmerzverzerrtem Gesicht.

»Geht doch.« Die Fickbewegungen der Finger wurden langsamer, hörten jedoch nicht auf. Schon bald begannen sie, mir ein unfassbar geiles Gefühl zu geben, und mein Schwanz wurde noch härter als ohnehin schon.

»Ja«, grunzte der Engländer zufrieden. »Das gefällt dir, was? Zu dumm für dich, dass ich die Lust verloren habe, dich zu ficken.« Mit diesen Worten zog er die Finger aus meinem Loch und wischte sie grob an meinen Arschbacken ab. »Kannst dich anziehen und gehen.«

»Nein, Boss!«, wimmerte ich jetzt, denn ich war mir nicht sicher, ob das für ihn ein Teil des Spiels war, oder ob er das ernst meinte. Ich hoffte, er tat es nicht! Denn ich brauchte jetzt seinen Schwanz in meinem Arsch. »Bitte, Sir«, flehte ich. »Fick mich!«

»Ohne Rücksicht?«, fragte er.

»Ohne Rücksicht«, gab ich zurück.

»Und ohne Gummi?«

»Ja, Sir«, bestätigte ich.

»Und wo soll ich hinrotzen?«

»In mich rein, bitte!«

»Wir verstehen uns doch besser, als ich dachte«, sagte er und ich konnte hören, wie er dabei grinste. Eine Sekunde später spürte ich endlich wieder seinen Schwanz an meinem Loch. Doch jetzt hatte ich keine Angst mehr. Ich drückte meinen Körper nach hinten, weil ich es kaum mehr erwarten konnte, von seinem warmen Fleisch ausgefüllt zu werden. »Kleine Schlampe«, flüsterte er anerkennend. Dann rammte er das Ding bis zum Anschlag in mich rein.

Ich schrie auf vor Schmerz, und ich sah sofort ängstlich nach oben, weil ich fürchtete, dass gleich einer der anderen Hausbewohner die Treppe heruntergestürzt kommen würde. Doch es tat sich nichts. Also schloss ich die Augen und konzentrierte ich mich auf den dicken Prügel in mir. Und tatsächlich fühlte sich der Schmerz schon bald geiler an, bis er ganz verschwand und nur noch die Geilheit übrig blieb.

»Ja, Sir«, schnurrte ich. »Fick mich, bitte.«

Die Stöße wurden noch einmal härter, doch es tat jetzt

wirklich überhaupt nicht mehr weh. Bisher hatte ich mich mit beiden Händen auf einer der Treppenstufen abgestützt, aber jetzt griff ich mit dem rechten Arm in Richtung meines Schwanzes. Ich wollte mich unbedingt wichsen, doch ein unsanfter Schlag auf den Hinterkopf ließ mich in der Bewegung erstarren.

»Nein«, war die knappe Anweisung.

»Ganz wie Ihr wollt, Sir«, hörte ich mich sagen und war selbst überrascht über so viel Unterwürfigkeit aus meinem Mund. Doch in diesem Augenblick fühlte sich das absolut richtig an.

Dann hörten die Stöße plötzlich auf und der Schwanz verharrte tief in meinem Arsch. Mein Ficker positionierte sich jetzt so um, dass er seinen rechten Fuß ganz in der Nähe meines Kopfes auf eine höhere Stufe stellte. Kurz darauf fickte er weiter. Die rücksichtslose Art, auf die er mich benutzte, das klatschende Geräusch seiner verschwitzten Eier, die bei jedem seiner harten Stöße gegen meine schlugen, und der geile Ledergeruch des weißen Turnschuhs vor meiner Nase machten mich so geil, wie ich in meinem ganzen Leben noch nie war. Ich hätte nie gedacht, dass es mich anmachen könnte, derartig hart benutzt und zum bloßen Fickstück degradiert zu werden. Aber hier war ich nun. Ließ mich in einem schmutzigen Treppenhaus von einem groben Fremden ficken, der mich mehr oder weniger entführt hatte, und genoss es mit jeder Faser meines verdorbenen Körpers.

Ohne darüber nachzudenken drehte ich meinen Kopf zur Seite und begann, den weißen Sneaker abzulecken. Sofort hörte ich ein schmutziges Lachen hinter mir.

»Leck weiter!«, befahl Jeffrey schwer atmend, während er mich immer heftiger fickte.

Also hörte ich nicht auf, sondern leckte immer gieriger den Straßenstaub von seinem Schuh. Es schmeckte bitter und eklig und genau deshalb so unfassbar gut.

»Ja«, grunzte er hinter mir zufrieden. »Hätte nicht gedacht, dass du so brav sein kannst.«

Er hatte jetzt die perfekten Fickbewegungen gefunden, sie waren gerade hart und schnell genug, dass mir fast die Prostata wegflog. Ich stöhnte immer lauter, und ich musste immer stärker gegen den Impuls ankämpfen, mir an den Schwanz zu fassen, der wahrscheinlich schon bei der kleinsten Berührung explodieren würde. Doch ich wollte ein braver Junge sein. Ich wollte, dass der grobe Klotz mit mir zufrieden war. Und dieser Gedanke, alles tun zu wollen, um dem Mann hinter mir zu gefallen, machte mich nochmal geiler. Ich spürte, wie ich jetzt kurz davor war abzuspritzen.

»Darf ich kommen, Sir?«, flüsterte ich schwer atmend.

Ein weiterer Schlag auf den Hinterkopf war die Antwort. »Red gefälligst deutlich!«

»Darf ich kommen, Sir?«, wiederholte ich so laut ich konnte.

»Leck mir noch mal über den Schuh.« Ich tat es. »Ich spritz gleich meine Soße in dich rein, hast du mich verstanden?« Ich nickte so heftig, dass ich fast mit der Stirn gegen die Treppe knallte. »Und danach darfst du kommen, ist das klar?«

»Ja, Sir!«

»Gut.« Er fickte mich jetzt so heftig, dass ich gar keine

Möglichkeit mehr gehabt hätte, mir an den Schwanz zu fassen. Weil ich mich nämlich mit aller Kraft und mit beiden Händen auf den Stufen abstützen musste, um nicht mit dem Gesicht voraus in den Stein gebumst zu werden. Nach ein paar Sekunden brüllte er auf wie ein angeschossener Löwe und rammte seinen Kolben ein letztes Mal bis zum Anschlag in mich. Er presste sich an mich, so fest er konnte, und pumpte seinen Samen tief in mich rein.

»Darf ich, Sir?«, fragte ich flehentlich, weil ich wusste, dass ich es nicht länger aushalten würde, nicht abzuspritzen.

Drei quälend lange Sekunden ließ er mich noch warten. Dann sagte er schlicht: »Ja.«

Zum ersten Mal in meinem Leben kam ich, ohne dass jemand meinen Schwanz angefasst hatte. Ich schrie, während ich meine Wichse gegen die Steinstufen schoss. Und presste gleichzeitig meinen Arsch nach hinten, weil ich um jeden Preis verhindern wollte, dass mein Sir seinen Kolben aus mir zog.

Ein paar Minuten später betraten wir seine Wohnung im zweiten Stock und mein geiler Stecher schaltete das Licht an. Nachdem er irgendwann schwer atmend doch seinen Kolben aus meinem Arsch gezogen und ihn danach an meinem Shirt abgewischt hatte, hatte er mich am Genick gepackt wie einen Hundewelpen und auf die Beine gezogen.

»Soll ich gehen, Sir?«, hatte ich gefragt.

»Ja«, hatte er geantwortet. »Mit mir nach oben.«

So standen wir nun also im Flur seiner Wohnung, und

er lächelte mich plötzlich auf eine fast schon schüchterne Art an, die ein ziemlich harter Bruch war zu dem, was wir da gerade im Treppenhaus veranstaltet hatten. Und trotzdem fühlte sich dieses Lächeln jetzt nicht schräg an. Sondern genau richtig.

»Ich glaube, wir sollten beide duschen«, sagte er. Ich folgte ihm ins Bad, wo er erst sich und dann mich komplett nackt auszog. Von seinem noch halbsteifen Schwanz seilte sich gerade ein Faden Wichse ab. Er bugsierte mich unter die Dusche und stellte sich dazu. Dann machte er das Wasser an, das sofort warm auf uns herunterprasselte. Wortlos drehte er mir den Rücken zu und mir war klar, dass er erwartete, von mir eingeseift zu werden. Also griff ich nach dem Duschgel und machte mich ans Werk. Ich fing bei seinen Schultern an, die ich ihm gleichzeitig ein wenig massierte, dann arbeitete ich mich seinen Rücken hinunter bis zu seinem haarigen Arsch. Ich war mir nicht sicher, ob er wollte, dass ich mit den Fingern in seine Kimme gehe, doch die Art, wie er mir seinen Hintern plötzlich leicht entgegenstreckte, machte mir klar, dass er das offenbar sehr wohl wollte. Also spreizte ich leicht seine Backen und fuhr vorsichtig mit zwei Fingern hindurch. Als ich über sein Loch strich, stöhnte er sanft auf, was ich als Aufforderung nahm, dort etwas länger zu verharren. Ich massierte seine Rosette, ohne Anstalten zu machen, in sie einzudringen. Ihm schien das so sehr zu gefallen, dass er schon bald hinter sich griff, um meine freie Hand zu packen und sie vorne auf seinen inzwischen schon wieder steinharten Schwanz zu legen. Also begann ich, ihn sanft zu wichsen, während ich gleichzeitig mit zwei Fingern sein Loch liebkoste. Er ließ sich das ungefähr eine Minute lang gefallen, dann drehte er sich zu mir um und sein Blick sagte mir, dass ich mich wohl ebenfalls umdrehen sollte. Ich tat es und spürte nur einen Herzschlag später erneut seine Eichel an meinem Loch. Dieses Mal rutschte sie fast wie von selbst in mich rein, und auch als er ohne falsche Rücksicht den Rest seines Kolbens folgen ließ, tat mir das nicht weh, sondern sorgte einfach für ein wohlig geiles Gefühl in meinem Unterleib. Mit seinem ganzen Gewicht presste er mich gegen die Kachelwand und fickte mich in knappen, konzentrierten Stößen. Und er brauchte nicht viele davon, um ein zweites Mal in mir zu kommen.

Danach duschte er sich kurz ab, dann stieg er aus der engen Kabine.

»Lass dir Zeit«, sagte er, bevor er die Schiebetür schloss.

Durch das Milchglas konnte ich sehen, wie er sich grob abtrocknete und dann das Bad verließ.

Als ich mich mit einem frischen Handtuch aus dem Schrank abgetrocknet hatte, verließ auch ich das Bad und machte mich auf die Suche nach ihm. Ich fand ihn im ziemlich geschmackvoll eingerichteten Wohnzimmer, wo er in einem Bademantel auf der Couch saß und versonnen ein Glas mit Whiskey schwenkte.

»Ist es nicht zu heiß dafür?«, fragte ich und lehnte mich nackt in den Türrahmen.

»Für manche Dinge ist es nie zu heiß«, sagte er und grinste mich an. Plötzlich wirkte er wieder sehr viel freundlicher als während unserer Nummer im Treppenhaus. Er sah mich aufmunternd an und klopfte auf den freien Platz neben sich.

»Ich kann auch gehen, wenn du willst«, sagte ich schnell.

»Ich hab das vorher ernst gemeint«, erwiderte er. »Dass ich dich gerettet habe.«

Ich schluckte. Das alles hatte ich schon komplett vergessen, doch nun war es plötzlich wieder ganz nah. Viel zu nah.

»Wie meinst du das?«, fragte ich, und weil er noch einmal neben sich aufs Polster wies, lief ich die paar Meter zum Sofa, setzte mich mit meinem nackten Arsch darauf und schmiegte mich an ihn.

»Wo soll ich anfangen?«, fragte er und legte einen starken Arm um mich. Fühlte sich gut an.

»Am Anfang?«, fragte ich und er lächelte. Dann hielt er mir sein Glas hin, doch ich schüttelte mit dem Kopf.

»Ich bin sozusagen die rechte Hand von Klaus Willmann«, sagte er, nachdem er noch einen Schluck genommen hatte. »Oder sein Büroleiter, wie man das offiziell nennt. Und der hat mich damit beauftragt, ein Auge auf dich zu haben.«

»Warum?«, fragte ich.

»Weil er sich Sorgen um dich macht! Und weil du sturer Junge ja nicht auf ihn hören wolltest, als er dir geraten hat, so schnell wie möglich nach Hause zu deiner Mama zu fahren.«

Ich erinnerte mich lebhaft an das Gespräch im Büro des Parlamentspräsidenten vor noch nicht einmal einer Woche. Da hatte ich ja aber noch gedacht, dass er mich loswerden wollte, weil er selbst hinter Papas Tod steckte. Doch in Wirklichkeit war das wahrscheinlich Messina, und Willmann wollte mich wirklich nur warnen. Ich machte gerade den Mund auf, um etwas zu sagen, doch mein Engländer hielt mir einen Finger vor die Lippen.

»Hör zu, Max«, sagte er dann. »Du solltest in dieser Stadt am besten gar niemandem vertrauen.«

»Auch nicht dir und Klaus?«, fragte ich.

»Doch«, er lächelte. »Uns beiden natürlich schon. Nur, wie vertrauenserweckend wäre es für dich, wenn ich dir sagen würde, dass wir die Einzigen sind, denen du alles erzählen kannst?« Wir sahen uns kurz in die Augen, dann mussten wir beide grinsen. »Also«, fuhr er fort. »Klaus und dein Vater waren wirklich so was wie beste Freunde, und das gibt es tatsächlich selten genug in dieser Stadt. Bis dein Vater plötzlich starb. Ich will nicht zu sehr ins Detail gehen, aber wir glauben, dass Messina da die Finger im Spiel hatte.«

»Aber warum?«, fragte ich, doch er schüttelte nur den Kopf.

»Das soll dir Klaus irgendwann mal erklären. Wichtig ist jetzt erst mal nur, dass wir sehr vorsichtig sein müssen. Und auf dich müssen wir ganz besonders gut aufpassen.« Er machte eine Pause und trank den letzten Schluck Whiskey. »Messina wusste mindestens so lange wie Klaus, dass du dich für ein Praktikum beim Parlament beworben hast. Man kann viel Schlechtes über ihn sagen, aber dumm ist er nicht. Ihm muss klar sein, dass du hier bist, weil du mehr über den Tod deines Vaters herausfinden willst. Und Messina macht kurzen Prozess mit Leuten, von denen er denkt, dass sie ihm gefährlich werden könnten. Deshalb war es auch kein Zufall, dass ich zur gleichen Zeit mit dir im Fitnessstudio war. Ich wollte dort ein Auge auf dich haben, weil wir befürchtet haben, dass dich dort einer von der anderen Seite ansprechen könnte, rein zufällig.«

Ich schluckte. Das alles mutierte immer mehr zu einer Art Agentenkrimi. »Dieser andere Typ«, fragte ich, »der Glatzkopf, der dich angesprochen hat?«

»Genau. Der spielt für Messinas Team. Und wie er mich angequatscht hat, war seine Art, mir zu zeigen, dass sie keine Angst vor Klaus haben.«

»Und war der es auch in der anderen Kabine, als wir …?«

Er lachte. »Deinen Schwanz durch das Loch zu schieben, war meine Art, ihm zu sagen, dass wir auch keine Angst vor ihnen haben. Und dass er dir zwar einen blasen darf, wenn er will. Aber der Rest von dir mir gehört.«

Ich atmete tief durch. Der Spielball in irgendeinem bescheuerten Sexkrimi zu sein, gefiel mir zwar überhaupt nicht. Doch der Gedanke, diesem Kerl zu gehören, in dessen starken Armen ich da gerade lag, der behagte mir auf komische Weise.

»Okay, das beruhigt mich jetzt ein bisschen«, sagte ich.

»Warum?«

»Na ja«, ich zögerte kurz. »Ehrlich gesagt, habe ich mich schon gefragt, ob der Typ in der anderen Kabine Klaus Willmann war.«

Jetzt prustete Jeffrey laut los. »Keine Sorge!«, lachte er. »Der ist zu hundert Prozent hetero!«

»Da scheint er ja der Einzige im Parlament zu sein.«

»Sagen wir, er ist die eine Ausnahme, die die Regel bestätigt.«

Wir lachten noch einmal, doch dann wurde ich wieder ernst. »Und heute Abend?«, fragte ich. »Was ist da passiert?«

»Ich war eigentlich wirklich rein privat auf der Party«, fuhr mein Beschützer fort. »Weil ich dachte, einen einzigen Abend könntest du auch mal einfach brav zu Hause bleiben und kein Unheil anrichten.« Er sah mich streng an. »Aber so tickst du wohl einfach nicht. Irgendwann habe ich mitbekommen, wie mehrere Typen auf der Party nach dir gefragt haben. Ob du auch da wärst oder ob jemand weiß, ob du noch kommen würdest. Und dann bekam ich auch noch von unserem Mann vor deinem Haus Bescheid, dass du dich gerade ins Taxi Richtung Börse gesetzt hast. Da war mir klar, wo du hinwolltest. Gibt schließlich nur eine Party dieser Art in der Stadt heute Nacht. Und mir war auch klar, dass ich dich in die Finger kriegen muss, bevor es die anderen tun.«

»Ich mache dir echt viel Arbeit«, stellte ich fest, ohne dass mir das besonders leid tat.

»Das tust du«, antwortete er und verpasste mir einen spielerischen Schlag auf die nackte Brust. »Aber was soll ich sagen? Meine Arbeit macht mir verdammt viel Spaß.« Wir lächelten uns an. »Übrigens, ich bin Jeff«, sagte Jeffrey nach einer Weile.

»Wusste ich schon, zur Abwechslung mal«, erwiderte ich. »Aber hey, Jeff. Ich bin Max.«

»Glaub mir, das wusste ich auch schon.« Wieder mussten wir grinsen. »Und jetzt gehen wir schlafen, Max. In Ordnung?«

»In Ordnung«, sagte ich.

Dann stand er auf, hob mich hoch und trug mich in sein Schlafzimmer.

Wir schliefen bis kurz vor zwölf, und weil wir beide eh schon nackt waren, fickte Jeffrey mich noch einmal, bevor wir aufstanden. Dieses Mal war es aber ganz anders als zuvor. So viel zärtlicher, ehrlich gesagt ein bisschen weniger geil, aber gleichzeitig viel schöner. Auf jeden Fall so, dass ich mich daran gewöhnen könnte. Danach frühstückten wir, schauten belgisches Sonntagsprogramm im Fernsehen, und als ich mich schließlich auf den Heimweg machte, war es fast schon fünf.

Jeff hatte darauf bestanden, mich nach Hause zu bringen, doch ich weigerte mich, diese ganze Beschützersache zu übertreiben. Aber ich versprach ihm, ein Taxi zu nehmen, die Wohnungstür von innen zwei Mal abzuschließen und heute nicht mehr alleine rauszugehen. Er wirkte zwar immer noch nicht ganz glücklich, doch nach einem langen Kuss in seinem Türrahmen ließ er mich schließlich gehen.

Nachdem ich im Treppenhaus über unsere Wichsflecken gestiegen war und mir ein Taxi herangewunken hatte, nannte ich dem Fahrer meine Adresse und wir setzten uns in Bewegung. Nur Sekunden später vibrierte mein Handy. Es war eine Nachricht von Antoine: ›Schön, du lebst also noch. Oder bist du Maxis Mörder, der gerade die Leiche verschwinden lässt?‹

Oh Scheiße!, dachte ich. Meinen Bruder hatte ich komplett vergessen! Nachdem ich ihm nachts geschrieben hatte, dass er ein Auge auf meinen Standort haben sollte, hatte ich mich nicht mehr bei ihm gemeldet. Obwohl mir das leid tat, war ich gleichzeitig etwas verstimmt, dass er deshalb nicht die Polizei gerufen oder sich zumindest noch mal bei mir nach meinem Befinden erkundigt hatte.

›Toller Aufpasser!‹, schrieb ich also zurück. ›Ich könnte wirklich schon lange tot sein.‹

Die Antwort war dieses Besserwisser-Emoji mit der dicken Brille, das ich noch nie leiden konnte. ›Ich hab ja gesehen, in wessen Haus du die ganze Nacht gesteckt hast. Und Jeff können wir vertrauen.‹

»Oh, Mann!«, flüsterte ich. »In dieser Stadt kennt wirklich jeder jeden.«

›Schönen Nachmittag noch‹, schrieb ich zurück und steckte das Handy weg. Doch insgeheim freute ich mich ganz wahnsinnig, dass Antoine also offenbar auch der Meinung war, Jeff wäre einer von den Guten.

Am nächsten Morgen stand ich früh auf, duschte und zog meinen besten Anzug an. Nach der stinklangweiligen Einführungswoche war dies schließlich mein erster richtiger Arbeitstag. Und Jeffrey hatte mir am Vortag schon erzählt, dass ich – natürlich rein zufällig – dem Büro des Parlamentspräsidenten zugeteilt worden war. Ich würde meine Tage für die nächsten Monate also mit Klaus Willmann und ihm verbringen. Da gab es deutlich schlechtere Aussichten. Ich schaute ein letztes Mal in den Spiegel, weil ich auch optisch einen guten Eindruck machen wollte, dann machte ich mich auf den Weg.

Als ich auf die Straße trat, seufzte ich, weil dort schon wieder eine schwarze Limousine mit getönten Scheiben auf mich wartete. *Willmanns Fürsorge in allen Ehren*, dachte ich, *aber in der U-Bahn wird mich sicher keiner klauen.*

Weil der Chauffeur schon parat stand und mich auffordernd ansah, als er die hintere Tür öffnete, stieg ich natürlich trotzdem ein. Und erst, als ich Platz genommen hatte und die Tür mit einem sanften Rums hinter mir ins Schloss fiel, bemerkte ich, dass da neben mir auf der Rückbank noch eine zweite Person saß.

»*Buongiorno*, Herr von Hammerschmidt«, sagte die mit sanfter Stimme.

Ich drehte mich zur Seite und blickte in das Gesicht von Matteo Messina.

Auf Tuchfühlung mit dem Bösewicht

Zunächst einmal möchte ich Sie bitten, Ihren Rucksack nach vorne zu reichen, nur für einen kurzen Augenblick.« Messina konnte nach der Begrüßung ungestört weitersprechen, weil ich viel zu erschrocken war, um irgendwas zu sagen. Jetzt wies er mit einem seiner Spinnenfinger auf die Karikatur eines Bodyguards, die mit rasiertem Schädel, schwarzem Anzug, Knopf im Ohr und Sonnenbrille vorne auf dem Beifahrersitz saß. »Stefano wird nur schnell einen Blick hineinwerfen«, erklärte er vor falscher Freundlichkeit triefend.

»Ich habe keine Schrotflinte dabei«, fand ich meine Stimme endlich wieder und reichte trotzdem mechanisch meine Tasche nach vorne. »Leider.«

Messina kicherte fast mädchenhaft. »Diese ungestüme Feindseligkeit der Jugend. Wie herrlich erfrischend. So … geradeheraus. Das erlebt man selten in meiner Position.«

Ich verschränkte die Arme. »Sobald der Gorilla mir meine Tasche wiedergibt, steige ich aus«, sagte ich mit fester Stimme.

»Ohne, dass Sie sich mein Angebot angehört haben?«, fragte Messina.

Ich verdrehte die Augen. »Sie können ja versuchen,

schneller zu sprechen, als Stefano meine Textmarker durchzählt.«

»Dann ist es heute wohl mein Glück, dass mein lieber Stefano nicht besonders gut ist im Zählen.«

Ich blickte nach vorne, doch der Bodyguard kramte unverdrossen weiter in meiner Tasche herum, als hätte er die Beleidigung gar nicht gehört. Wahrscheinlich hatte er sich längst an Sprüche wie diesen gewöhnt.

»Also?«, fragte ich und ärgerte mich in derselben Sekunde über meine Neugier. Im Augenwinkel konnte ich sehen, dass Messina mich jetzt direkt anschaute, und ich konnte nicht anders als mich zu ihm zu drehen und zurückzuschauen. Ich starrte auf seine casanovamäßig nach hinten gegelten schwarzen Locken, seine dünnen Augenbrauen (gezupft?) und seine Hakennase, die ihm das Aussehen eines römischen Feldherren verlieh. Na ja, eher das von dessen leicht tuckigem Bruder. Nur dass der eine Toga getragen hätte statt eines eng sitzenden Maßanzugs.

»Ich möchte Ihnen anbieten, für mich zu arbeiten«, sagte er nun und sah mich dabei aufmerksam an. »Und ich möchte Ihnen gleichzeitig raten, das Angebot anzunehmen. Aus vielerlei Gründen.«

»Ich platze vor Neugier«, sagte ich und bemühte mich dabei zu verbergen, dass ich das wirklich tat. Ein kleines bisschen zumindest.

»Ihr Arbeitsplatz für die nächsten Wochen liegt im Büro des Parlamentspräsidenten, korrekt?«, fragte Messina und schürzte dabei seine schmalen Lippen.

»An Ihrer Stelle würde ich nicht so viele Dinge fragen,

die ich eh schon weiß«, gab ich mit verschränkten Armen zurück. »Das spart uns allen Zeit.«

»Richtig, richtig.« Wieder lächelte er. »Doch bedauernswerterweise bin ich gar nicht so allwissend, wie manche in dieser Stadt denken. Dass Sie zum Beispiel uns mit Ihrer Anwesenheit beehren, habe ich erst zu einem betrüblich späten Zeitpunkt erfahren. Da war mein schöner Plan dahin, dem guten Signore Willmann einen meiner Schützlinge ins Nest zu setzen. Weil mir klar war, dass er sich Sie aussuchen würde als Praktikanten.«

»Tja, dumm gelaufen«, sagte ich, »für Sie und Primiano.« Messina schnalzte mit der Zunge, doch er sagte nichts. »Und bevor Sie fragen«, fuhr ich fort. »Nein, ich will keiner Ihrer Schützlinge werden.«

Nun streckte er seine Hand durch die beiden Kopfstützen der Vordersitze. »Stefano, sei so gut«, sagte er, ohne seinen Blick von mir zu lassen, worauf man ihm einen Tablet-PC in die Hand drückte. Messina nahm ihn an sich und entsperrte ihn, wobei er genau darauf achtete, dass ich nicht sehen konnte, welchen Code er eingab. Dann drehte er den Bildschirm so, dass ich ihn sehen konnte. Und mir rutschte das Herz in die Hose.

Auch wenn ich insgeheim schon damit gerechnet hatte, dass mir das früher oder später jemand unter die Nase halten würde, war es doch ein Schock für mich, mich in meiner eigenen Wohnung beim Sex mit den beiden Umzugshelfern zu beobachten. Doch ich zwang mich, so gut es ging cool zu bleiben.

»Der Winkel ist aber unvorteilhaft«, sagte ich mit bemüht fester Stimme. »Ich sehe mickrig aus.«

»Das bilden Sie sich ein«, erwiderte Messina mit sanftem Tadel und ließ den Blick zwischen mir und dem Tablet hin und her schweifen. »Ich habe ja nun den direkten Vergleich und kann sagen, dass Sie sowohl auf dem Bildschirm als auch *realiter* eine imposante Erscheinung darstellen.« Ich schnaubte abfällig und sah demonstrativ zum Fenster hinaus. »Ich bin sicher, das werden alle anderen auch so sehen«, fuhr er fort und machte dann eine grausame kleine Pause, bis er schließlich sagte, »wenn das Video erst einmal veröffentlicht worden ist.«

Mein Magen zog sich zusammen, als er diese Worte aussprach. Denn die Vorstellung, dass meine Mutter, meine früheren Klassenkameraden, meine Basketballkumpels und alle anderen, die ich kannte, sehen würden, wie ich gierig an einem Schwanz lutschte, während gleichzeitig eine kleine Schlampe auf meinem eigenen Kolben ritt, machte mich fast wahnsinnig. Aber stattdessen in die Dienste diesen widerlichen Scheusals zu treten und ihm alles weiterzutragen, was in Willmanns Büro vor sich ging, so wie es eigentlich Primianos Aufgabe hätte werden sollen? Niemals!

»Wo ist Mia?«, fragte ich, anstatt Messina auf sein sogenanntes Angebot zu antworten. Hätte mir ja eigentlich egal sein können, was mit dem kleinen Verräter passierte. Aber das Messina ihn um die Ecke brachte, nur weil er jetzt keine Verwendung mehr hatte, wollte ich auch wieder nicht. Und zugetraut hätte ich ihm das definitiv.

»Primiano?«, fragte der Kommissionschef und zog wieder eine seiner dünnen Augenbrauen nach oben. »Oh, keine Sorge, der ist an einer anderen Stelle untergekommen. Und auch da wird er sicherlich viele interessante Dinge lernen.«

»Die er Ihnen brühwarm weitererzählen wird«, brummte ich bitter und nahm mir direkt vor, den kleinen Scheißer ausfindig zu machen und seine Chefs vor ihm zu warnen.

»So läuft das System der viel gepriesenen *Checks and Balances*, Max. Ich darf Sie doch Max nennen? Die Institutionen eines Staatengebildes kontrollieren sich gegenseitig. Und um dieser Aufgabe gerecht zu werden, muss die Kommission, vertreten durch mich, natürlich wissen, was in den anderen Säulen unserer schönen Union vor sich geht.«

»Und wer kontrolliert Sie?«, fragte ich, worauf Messina wieder mädchenhaft kicherte und sich dabei wie ein barocker König drei seiner dürren Spinnenfinger vor die Lippen hielt.

»Ich bin nicht so naiv zu glauben, dass es in meiner Behörde keine Informanten gibt. Und Sie sollten das auch nicht sein, Max. Ihr Vater zum Beispiel war ebenfalls sehr gut darin, Geheimnisse zu entdecken.« Plötzlich verschwand das amüsierte Kichern aus Messinas Gesicht und er fixierte mich wie eine Raubkatze. »Geheimnisse, die er besser hätte ruhen lassen.«

Mir lief es eiskalt den Rücken herunter. Ich war vielleicht nicht so gewieft wie Messina und die restlichen Brüsseler Schranzen, doch ich erkannte eine Todesdrohung, wenn man sie mir vor die Füße spuckte. Also bemühte ich mich, meinen kläglichen Rest Mut zusammenzunehmen, räusperte mich und sagte etwas zu laut: »Meine Tasche, bitte. Ich muss zur Arbeit.«

»Ihre Mutter wird sich freuen, ihren Sohn im Internet

zu finden«, säuselte Messina und streichelte dabei mein Abbild in dem immer noch laufenden Porno auf seinem Bildschirm. Es fühlte sich an, als könnte ich seine widerlichen Finger auf meinen Schenkeln spüren.

»Ich habe lieber ein Sextape von mir im Netz als mich von Ihnen als Spitzel einsetzen zu lassen!«, spuckte ich voller Abscheu aus.

»Ja, ja, so etwas in dieser Art dachte ich mir bereits«, seufzte Messina ohne besondere Überraschung. »Ich habe mir bereits sagen lassen, dass die heutige Jugend ein so gänzlich anderes Verhältnis zu intimen Aufnahmen hat als unsere Generation. Glauben Sie mir, Max, bei Männern in meinem Alter kann man mit solchem Material noch so gut wie alles erreichen.«

»Interessant«, gab ich zurück. »Werde ich mir merken.« Doch ich hatte sowieso nur halb zugehört, weil ich insgeheim überlegt hatte, ob ich irgendwas in meinen Rucksack gepackt hatte, das zu teuer oder zu heikel war, um jetzt einfach auszusteigen und das Ding bei Stefano zu lassen.

»Deshalb habe ich mich natürlich abgesichert«, sprach Messina fröhlich weiter, und spätestens, als er das Fenster mit dem Video endlich schloss und auf dem Tablet einen neuen Ordner öffnete, hatte er meine volle Aufmerksamkeit zurück.

Ich zwang mich, meine bemüht entspannte Körperhaltung zu bewahren und außerdem ruhig zu atmen. Doch innerlich ging mir der Arsch auf Grundeis, weil ich mich fragte, in was für einer unmöglichen Situation dieser Wichser mich noch hatte filmen lassen. Deshalb war ich zuerst fast erleichtert, als ich mir schließlich auf Messinas

Bildschirm dabei zuschauen konnte, wie ich in die Limousine des russischen Daddys stieg, den ich beim Pralinenkaufen aufgerissen hatte.

»Dann hab ich es außer mit den Möbelpackern also auch noch mit irgendeinem Geschäftsmann getrieben«, sagte ich unbeeindruckt, wozu ich mich nicht mal groß verstellen musste. »Das macht die Sache jetzt auch nicht mehr viel schlimmer, finde ich.«

»Oh, seien Sie sich da nicht zu sicher«, gab Messina vergnügt zurück und zeigte erneut auf den Bildschirm. Das Ganze war offenbar vom Beifahrersitz des Fahrzeugs aus gefilmt worden, das hinter dem Auto parkte, in das ich eingestiegen war. Und kaum, dass ich die Tür hinter mir zugezogen hatte, zoomte die Kamera auf dessen Nummernschild.

»Und?«, fragte ich und versuchte, mich innerlich zu wappnen gegen alles, was nun kommen würde. Denn dass da noch etwas kommen würde, war leider ziemlich offensichtlich.

»Sie haben nicht zufällig schon einmal etwas von einem Mann namens Sergej Wazerow gehört?«, fragte Messina. Ich schluckte und schüttelte den Kopf. »Natürlich nicht«, fuhr er fort. »Sie sind auch noch nicht lange genug in der Stadt, um von seiner eher unrühmlichen Existenz erfahren haben zu können. Darum lassen Sie mich in aller Kürze erklären, dass Signore Wazerow einen recht schillernden Ruf genießt, als eine Art … Lobbyist, wenn man es vornehm ausdrücken will. Allerdings sind seine Kunden, die allesamt auf der anderen Seite des Ural-Gebirges sitzen, alles andere als vornehme Menschen. Ich denke, Sie verstehen, was ich Ihnen damit sagen möchte.« Er nickte, als ob er mir die Mühe ersparen wollte, mich selbst dazu äußern zu müssen. »Und jetzt haben wir hier die Situation«, fuhr er mit betrübter Stimme fort, »dass Max von Hammerschmidt, Sohn des allseits geschätzten und viel zu früh verstorbenen Konstantin von Hammerschmidt, zu diesem Mann ins Auto steigt. Worauf dieses Auto sich in Bewegung setzt und mit unbekanntem Ziel von dannen fährt.« Er schaltete den Bildschirm des Tablets aus, reichte es wieder nach vorne und faltete danach die Hände in seinem Schoß. »Diese Aufnahme, kleiner Max, wird Sie bis ans Ende Ihres Lebens in Verruf bringen und Ihren toten Vater gleich mit. Ganz egal, womit Sie Ihr Handeln in diesem Video erklären würden, der überaus zähflüssige Schandfleck des Halbseidenen würde Sie für die nächsten siebzig Jahre begleiten. Schlimmer noch, er würde Ihnen vorauseilen. Und egal, was Sie in Ihrem Leben noch tun werden, egal was Sie sagen, egal wofür Sie kämpfen: Man wird Ihnen immer unterstellen, dass Sie das nur deshalb tun, weil es irgendein stinkender, reicher *Russo* von ihnen verlangt hat.«

Obwohl das Auto viel zu stark heruntergekühlt war, begann ich plötzlich zu schwitzen. Und was noch viel schlimmer war: Meine Augen füllten sich mit wütenden Tränen. Weil ich wusste, dass Messina recht hatte.

»Und jetzt?«, fragte ich mit erstickter Stimme. »Was soll ich machen?«

»Oh, das ist ganz einfach«, antwortete der abscheuliche Widerling vergnügt. »Sie sollen jetzt zur Arbeit fahren, und keiner Menschenseele von unserer Unterredung erzählen. Sie sollen nichts weniger als der beste Praktikant sein, den dieser furztrockene Käseroller Klaus Willmann jemals hatte. Und Sie sollen sich alles merken, was in dessen Büro vor sich geht. Damit Sie mir etwas Spannendes zu erzählen haben, wenn wir uns das nächste Mal sehen.«

Ich sah zum Fenster hinaus und wischte mir dabei verstohlen über die Augen. Ein letztes Mal ging ich meine Optionen durch, nur um noch einmal zum Ergebnis zu kommen, dass mein Leben am Ende wäre, bevor es überhaupt richtig angefangen hatte, wenn dieses Video, das keine halbe Minute lang war, an die Öffentlichkeit gelangen würde. Und mir war klar, dass die Wahrheit darüber, warum ich in die Scheißkarre gestiegen war, die unglaubwürdigste Erklärung von allen darstellen würde. Also wandte ich mich wieder Messina zu und bemühte mich, all meinen Hass auf ihn in den Blick zu legen, den ich ihm jetzt zuwarf, was den Wichser aber nur vergnügt glucksen ließ. Am liebsten hätte ich ihm eine reingehauen. Doch stattdessen schluckte ich ein letztes Mal als freier Mann. Dann nickte ich. Und sagte: »Okay. Ich mache es.«

Als ich eine knappe Stunde später endlich im Parlament ankam, rannte ich noch vor der Sicherheitsschleuse als Allererstes auf die Besuchertoilette, weil ich ein so dringendes Bedürfnis hatte, mir den Mund auszuspülen. Nachdem ich Messina versprochen hatte, Klaus Willmann für ihn zu bespitzeln, hatte der alte Widerling plötzlich den Reißverschluss seiner schwarzen Anzughose geöffnet und seinen schlaffen Schwanz daraus hervorgezogen.

»Sie schauen mir ja, als würden Sie zum ersten Mal einen

fremden Penis sehen«, hatte er amüsiert meinen Gesichtsausdruck kommentiert. »Dabei wissen wir doch beide, dass dem nun wahrlich nicht so ist, nicht wahr?« Dann hatte er seine Hand in meinen Nacken gelegt und mich sanft in Richtung seines Schoßes gepresst. »Im alten Rom hatte man Pakte unter Verbündeten mit Blut besiegelt, Max. Allerdings bin ich etwas empfindlich, was das angeht. Ich kann einfach keines sehen. Einen strammen jungen Mann wie Sie zwischen meinen Beinen kann ich allerdings sehr, sehr gut sehen.« Er sah mich böse funkelnd an, weil ich mich seiner Hand widersetzte, die mich immer heftiger nach unten drücken wollte. »Wir sind uns doch einig über unseren Pakt, nicht wahr?«

Ich nickte und kämpfte die Abscheu in mir nieder, während mein Mund dem Schwanz immer näher kam, der inzwischen dabei war, immer dicker zu werden und sich zu imposanter Größe aufzurichten. Ich wusste, dass mir nichts anderes übrig blieb. Also holte ich tief Luft, schloss die Augen und öffnete meine Lippen für die pralle Eichel, die sich inzwischen schon dagegenpresste.

»Ich hätte ihm das Ding einfach abbeißen sollen!«, sagte ich nun grimmig zu meinem Spiegelbild, nachdem ich auf der Parlamentstoilette mehrmals mit frischem Wasser gegurgelt hatte. Doch so tief, wie das Rohr in meinem Rachen gesteckt hatte, wäre ich im Zweifelsfall danach noch daran erstickt.

Als ich endlich fertig war im Waschraum, meldete ich mich am Empfang als neuer Praktikant des Parlamentspräsidenten an, ließ mich von der Security abtasten und fuhr dann, wie schon eine Woche zuvor, mit dem Fahrstuhl ganz nach oben. Die Tür öffnete sich und vor mir stand Jeffrey, was mir ein sanftes Kribbeln durch den Magen jagte, wie ich zugeben muss. Doch darum konnte ich mich jetzt nicht auch noch kümmern. Jeff hatte ein ganz schön süßes Grinsen aufgelegt, und er holte gerade Luft, um irgendwas zu sagen, doch dann erkannte er an meinem Gesichtsausdruck, dass es offenbar Wichtigeres gab als eine einstudierte kesse Begrüßung.

»Was ist los?«, fragte er ernst.

»Ich muss zu Klaus«, erwiderte ich. »Jetzt sofort.«

»Okay«, sagte er nur, weil er schon bemerkt hatte, dass ich mich sowieso nicht würde abwimmeln lassen.

Er nahm mich bei der Hand, als sei das das selbstverständlichste auf der Welt, und führte mich durch einen breiten Flur ins Vorzimmer des Parlamentspräsidenten.

»Ist er alleine, Ellen?«, fragte er die Sekretärin.

»Ist er, aber er telefoniert«, antwortete die nach einem Blick auf ihre Telefonanlage, die in ihrer Größe und der Vielzahl der Knöpfe eher an das Mischpult eines Musikproduzenten erinnerte.

»Okay, wir müssen dringend zu ihm«, gab Jeff zurück. »Keine Besucher und keine Anrufe, in Ordnung?« Ohne eine Antwort abzuwarten, klopfte er an die Tür und öffnete sie direkt danach. Dann betraten wir das Büro.

Willmann stand am Fenster und telefonierte auf Holländisch über sein Headset. Als er uns sah, nickte er knapp und drehte uns dann den Rücken zu.

»Er hat seine Mutter am Apparat«, erklärte Jeffrey mir flüsternd. »Sein Vater liegt gerade im Krankenhaus.«

»Oh«, sagte ich mechanisch. »Tut mir leid.«

»Was du hast, ist wirklich wichtig, oder?«, fragte er und ließ jetzt endlich meine Hand wieder los. »Das könnte sonst peinlich werden, für uns beide.«

»Glaub mir, darüber müssen wir uns als Allerletztes den Kopf zerbrechen.«

»Gut. Wollte nur sichergehen.«

Obwohl ich kein Holländisch verstand, konnte ich hören, dass Willmann nun bemüht war, das Gespräch mit seiner Mutter zu beenden. Nachdem er das geschafft hatte, nahm er das Headset ab und drehte sich zu uns. »Ja?«, fragte er kühl. Er schien nicht gerade erfreut darüber, dass wir unangekündigt bei ihm reingeplatzt waren, was den schweren Klumpen in meinem Magen, zu dem sich Messinas Sperma inzwischen zusammengerottet hatte, nicht gerade kleiner machte. Doch es half ja alles nichts.

»Ich muss dir dringend was erzählen«, sagte ich also. Den Mann zu duzen, fühlte sich in diesem Moment völlig abwegig an. Aber er hatte es mir ja angeboten. »Etwas sehr Wichtiges«, fügte ich schnell hinzu.

»Gut«, erwiderte Willmann. »Setz dich.«

»Ich lasse euch alleine«, sagte Jeff, worauf Willmann mich fragend ansah.

»Nein, bleib ruhig«, hielt ich ihn auf. »Dann muss ich es nicht zweimal erzählen.« Auf dem Weg zum Parlament hatte ich noch darüber nachgedacht, ob Jeffrey ebenfalls zu Messinas Truppe gehören könnte. Doch ich war zum Schluss gekommen, dass dies nicht der Fall war. Denn wenn Willmanns engster Mitarbeiter für Messina spionieren würde, wäre der ja nicht darauf angewiesen, deswegen mich zu erpressen.

Willmann setzte sich hinter seinen Schreibtisch und wies auf die beiden Besucherstühle. »Dann bin ich gespannt.«

Wir setzten uns und ich erzählte den beiden, wer heute Morgen vor meinem Haus auf mich gewartet hatte. Und was diese Person von mir verlangt hatte. Nur bei der Frage, womit genau dieses Furunkel am Arsch des Herrn mich zu erpressen versuchte, blieb ich etwas vage. Ich sagte lediglich, dass zwei Videos existierten, die mich bei ihrer Veröffentlichung in eine sehr dumme Lage bringen würden, und obwohl sowohl Jeff als auch Willmann die Augenbrauen hochzogen, fragte glücklicherweise keiner von beiden genauer nach.

»Vielen Dank, dass du uns das erzählt hast, Max«, sagte Willmann, nachdem ich mit meinen Ausführungen geendet und er danach erst mal eine ganze Weile geschwiegen hatte.

»Na ja«, gab ich zurück, »ich hab ehrlich gesagt keine Sekunde daran gedacht, es nicht zu tun.«

Willmann lächelte und Jeff tätschelte mir kurz unauffällig das Knie. Er nahm seine Hand aber sofort wieder weg, als sein Chef plötzlich wie eine Rakete aus seinem Sessel aufstand und damit begann, hinter dem Schreibtisch auf und ab zu laufen. »Die ganze Sache ist gar nicht so verkehrt, denn sie bringt uns in eine unverhofft glückliche Situation«, sagte er und hatte plötzlich so ziemlich genau den Tonfall drauf, den er auch immer im Fernsehen hatte. »Jetzt können wir steuern, was dieser Scheißkerl erfährt.« Er blickte seinen Büroleiter an. »Jeff, wir müssen uns ganz genau überlegen, womit wir Messina füttern können.

Und zwar nur wir drei. Das darf sonst keiner erfahren. Verstanden?« Er ließ ernst den Blick zwischen uns hin und her schweifen, und wir nickten beide. Auf einen Schlag wirkte Willmann regelrecht aufgekratzt. »Das kann unsere Chance sein, Messina endlich zur Strecke zu bringen«, sagte er mehr zu sich selbst als zu uns.

»Ähm, kann ich was fragen?«, sagte ich irgendwann halblaut, weil ich das Gefühl hatte, dass es jetzt Zeit war für die Wahrheit. Auch wenn sich ein Teil von mir dagegen sträubte, so fest er nur konnte.

»Natürlich«, erwiderte Willmann. Er blieb stehen und sah mich erwartend an.

»Hat Messina meinen Vater umgebracht?«

Auf einmal schien jede Energie wieder aus ihm zu weichen. Die Hände, mit denen er gerade noch kämpferisch herumgefuchtelt hatte, sanken in Zeitlupe nach unten, und nach einer langen Pause sagte er: »Jeff, sei so gut und lass uns einen Moment alleine.«

»Natürlich«, erwiderte der. Er legte mir noch einmal kurz die Hand auf mein Knie, und offenbar war es ihm jetzt egal, dass Willmann es sehen konnte. Dann nickte er mir zu und sagte: »Ich bin in meinem Büro.«

Willmann wartete, bis Jeffrey die Tür hinter sich geschlossen hatte, dann setzte er sich wieder, stützte die Ellenbogen auf die Armlehnen seines Chefsessels und legte die Fingerspitzen an sein Kinn.

»Ich habe gehört, deinen Bruder hast du inzwischen kennengelernt?«, fragte er mich, nachdem er offenbar eine Weile überlegt hatte, wo er anfangen sollte.

»Habe ich«, gab ich zurück und verkniff mir den Hinweis, wo genau mir mein Bruderherz zum ersten Mal über den Weg gelaufen war.

»Antoine ist ein guter Junge«, sagte Willmann. »Er hatte es mit Konstantin nicht immer einfach … mit eurem Vater.«

Das hatte ich auch nicht, dachte ich. *Aber geschenkt.*

»Ich hoffe, dass ihr es schaffen werdet, einen Zugang zueinander zu finden.«

»Ich glaube, wir sind auf einem ganz guten Weg«, erwiderte ich. »Aber ich hatte dir eine Frage gestellt.« Es fühlte sich seltsam an, einen Mann in Willmanns Position, der dazu noch diese natürliche Autorität ausstrahlte, zurechtzuweisen. Doch ich hatte gerade keinen Sinn für falsche Höflichkeit.

»Natürlich, natürlich«, sagte er schnell, als ob er das tatsächlich vergessen hätte. »Also gut, die kurze Antwort ist: Ja, ich bin mir ziemlich sicher, dass Messina für den Tod deines Vaters verantwortlich ist. Aber ich habe keine Beweise. Und die werden wir wohl auch nie bekommen.«

»Warum?«, fragte ich mit tonloser Stimme.

Willmann zuckte entschuldigend mit den Achseln: »Messina ist nicht dumm. Und er hat viele Möglichkeiten. Wenn er so eine Sache plant, dann …«

»Nein«, unterbrach ich ihn. »Warum hat er Papa umgebracht?«

Wieder schwieg Willmann eine Weile. Dann seufzte er und sagte schließlich: »Messina ist korrupt bis unter die Schädeldecke. Internationale Großkonzerne, die Mafia, der Kreml … es gibt niemanden, von dem er kein Geld annehmen würde für einen kleinen Gefallen. In Brüssel weiß das eigentlich jeder, aber bisher konnte ihm noch keiner etwas nachweisen. Und genau das wollte dein Vater ändern.« Er schloss kurz seine Augen und rieb sich die Nase. »Konstantin hat mir nicht alles erzählt, auch weil er niemanden in Gefahr bringen wollte. Denn er wusste, Messina ist wie eine dicke Spinne, die in einem Netz sitzt, das über ganz Brüssel reicht. Und die von überall ihre Informationen bekommt. Deinem Vater war klar, dass Messina irgendwann zu Ohren kommen würde, dass der Parlamentspräsident gewisse Recherchen anstellt. Und er wollte niemand anderen leichtfertig in die Schusslinie bringen.«

»Dann muss er irgendwas Belastbares herausgefunden haben«, sagte ich atemlos. »Sonst hätte Messina ihn doch nicht …«

»Vielleicht wollte er es aber auch gar nicht so weit kommen lassen«, warf Willmann ein. »Gut möglich, dass dein Vater nur kurz davor war, etwas zu finden. Das werden wir wahrscheinlich nie erfahren, und du kannst mir glauben, dass mich das halb wahnsinnig macht vor Wut. Sein sogenannter Unfall war jedenfalls das Werk eines echten Profis. Du kannst dir vorstellen, dass nach dem unnatürlichen Ableben eines so wichtigen Mannes automatisch jede Schraube zwei Mal untersucht wird, auch ohne konkreten Verdacht. Und ich habe mich über jeden Schritt der Ermittlungen detailliert informieren lassen. Ich habe sogar externe Forensiker beauftragt, sich das Auto und die Straße noch einmal ganz genau anzusehen. Aber es gab nicht die leiseste Ungereimtheit.«

»Bis auf den plötzlich erkrankten Chauffeur«, sagte ich bitter.

»Tja. Zufall oder nicht? Ich bin überzeugt, dass es keiner war. Aber ich habe nicht den Hauch eines Beweises.«

»Und deshalb tun wir jetzt einfach gar nichts?«, rief ich und stellte zu spät fest, dass das deutlich vorwurfsvoller klang, als es Willmann gegenüber angebracht gewesen wäre.

Doch der schien es mir nicht übel zu nehmen. »Wir tun das, was wir tun können«, gab er ernst zurück. »Wir bewegen uns so wenig wie möglich, um Messina in Sicherheit zu wiegen. Und gleichzeitig überlegen wir uns gemeinsam mit Jeff sehr genau, welche Informationen du ihm als sein angeblicher Spion präsentieren kannst. Und dabei planen wir mit Bedacht, wie wir Material gegen ihn sammeln können.« Ich holte Luft, um etwas einzuwerfen, doch Willmanns Blick sagte mir, dass er genau wusste, was mir auf der Zunge lag. »Ich weiß, dass das unbefriedigend klingt, Max. Und genau wie du will ich dieses Schwein lieber heute als morgen im Knast verrotten sehen. Nur, bei einem Gegner von diesem Kaliber ist Gründlichkeit wichtiger als voreiliges Handeln. Um nicht zu sagen überlebenswichtig.«

Ich schluckte, dann nickte ich. »Verstanden«, gab ich zurück.

»Gut.«

Ich wollte schon aufstehen, weil ich unser Gespräch damit eigentlich für vorerst beendet hielt, doch Willmann schien mit sich zu ringen, als ob er mir eigentlich noch etwas anderes mitteilen wollte, aber unsicher war, ob er es wirklich tun sollte.

»Ich werde es schon aushalten«, sagte ich also. »Egal,

was es ist. Und ich verspreche, dass ich nichts Dummes tun werde.«

Für einen Moment lächelte er amüsiert. Doch er wurde schnell wieder ernst und sah mich prüfend an: »Versprichst du mir, dass du nicht sofort aufspringen und nach Hause fahren, sondern bis heute Abend hier im Büro bleiben wirst, Max? Messina lässt dich sicherlich überwachen, und wenn du jetzt gehen würdest, wäre das viel zu verdächtig!«

»Versprochen«, nickte ich.

»Gut.« Er machte noch einmal eine unerträglich lange Pause, dann sagte er: »Das ist jetzt etwas heikel. Aber mir ist erst vor ein paar Tagen etwas eingefallen. Als Konstantin mir vor Jahren nach einigen belgischen Bieren erzählt hat, dass er noch einen heimlichen zweiten Sohn hat, hat er mir auch gesagt, dass er einen Vaterschaftstest hat machen lassen und dass er den in seinem Geheimversteck aufbewahrt. Dort würde er alles lagern, was niemals jemand zu Gesicht bekommen dürfte.«

»Wo?«, fragte ich atemlos.

Willmann seufzte. »In seinem Schlafzimmer … also in deinem Schlafzimmer, da gibt es eine holzvertäfelte Wand?«, fragte er dann und ich nickte heftig. »Mit geometrischen Mustern eingeschnitzt? Rechtecke und Ellipsen?«

»Kann sein«, sagte ich schnell. »So genau habe ich mir das noch gar nicht angeguckt.«

»Wenn man das dritte Rechteck von links leicht eindrückt, lässt es sich zur Seite schieben und dahinter kommt ein geheimes Fach zum Vorschein, hat er damals gesagt. Dort hat er den Vaterschaftstest versteckt. Und je länger ich darüber nachdenke, desto dringender stellt sich mir die Frage, ob er dort auch alles gelagert hat, was er gegen Messina ausgegraben hatte.« Wie elektrisiert sprang ich auf, doch Willmann warf mir sofort einen sehr strengen Blick zu. »Heute Abend!«, sagte er eindringlich. »Wie gesagt, Sorgfalt über Schnellschüsse. Diese Sache ist kein Spaß.«

»Das brauchst du mir nicht zu sagen«, erwiderte ich, worauf er beschwichtigend nickte.

»Du hast natürlich recht«, sagte er. »Selbstverständlich weißt du das. Und deshalb gehst du jetzt rüber zu Jeff und lässt dir irgendeine langweilige Praktikantenarbeit von ihm geben. Und bevor du heute Abend auf die Suche nach dem Fach gehst, ziehst du die Vorhänge zu. Und falls du tatsächlich was finden solltest, rufst du morgen früh Ellen an und sagst, dass du dir den Fuß verstaucht hast. Dann schicke ich dir ein paar Leute, denen ich vertraue, um dich abzuholen. Die bringen dich heil hierher.« Er machte eine ausladende Handbewegung, bevor er fortfuhr. »Dieser Raum ist abhörsicher und wird regelmäßig auf Wanzen gecheckt. Deshalb werden wir uns niemals irgendwo anders als hier drinnen über die Sache unterhalten. Hast du das verstanden, Max?« Ich nickte. »Das mag dir alles übertrieben vorkommen, aber …«

»Tut es nicht«, sagte ich. »Du hast recht.« Ich stand auf. »Dann gehe ich jetzt zu Jeff.«

»Sehr gut«, erwiderte Willmann. »Ich muss gleich los, mir steht noch ein Abstecher nach Straßburg bevor. Heute am späten Abend bin ich zurück. Und morgen früh reden wir. In Ordnung?«

Ich nickte noch einmal und ging.

Den Rest des Arbeitstages verbrachte ich damit, die Kontaktdaten der Büroleiter von sämtlichen Abgeordneten auf ihre Aktualität hin zu überprüfen – und alle fünfzehn Sekunden auf die Uhr zu schauen, ob es nicht bald endlich Zeit für den Feierabend wäre. Als es endlich siebzehn Uhr war, verabschiedete ich mich von Jeff, dem ich nichts davon erzählt hatte, worüber Willmann und ich uns unterhalten hatten, weil wir außerhalb von dessen Büro ja kein Wort darüber verlieren sollten.

»Noch einen Drink zum Feierabend?«, fragte er und lächelte dabei ein Lächeln, das mich fast schwach werden ließ. Doch nach Hause zu kommen und die Schlafzimmerwand zu untersuchen, war wichtiger. Also murmelte ich eine halbherzige Entschuldigung und lief schnell weiter, bevor mich sein enttäuschter Hundeblick doch noch weichgekocht hätte.

Ich verließ das Parlament und machte mich auf den Weg zur Metro, wobei ich mich zwang, mich nicht allzu offensichtlich umzusehen, ob mir jemand folgte.

»Nicht paranoid werden«, flüsterte ich mir zu, als ich in die Bahn stieg. Trotzdem stellte ich mich mit dem Rücken zur Wand in die hinterste Ecke, damit ich den ganzen Wagen im Blick hatte. Doch ich konnte nichts Verdächtiges entdecken.

Als ich endlich die Haustür aufschloss, fiel mir als Erstes auf, dass der Tresen des Concierges nicht besetzt war.

»Der ist heute Mittag nach Hause gegangen, weil er plötzlich Kopfschmerzen bekommen hat«, erklärte mir die alte Dame aus dem dritten Stock, die mit ihrem Pudel hinter mir zur Haustür reinkam und meinen Blick bemerkt hatte. »Muss am Wetter liegen. Brauchen Sie denn etwas von ihm?«

»Nein, nein, schon gut, *Madame.* Aber vielen Dank.« Plötzlich hatte ich ein ganz schlechtes Gefühl. Ich beschloss, nicht auf den unfassbar langsamen Aufzug aus dem vorletzten Jahrhundert zu warten, sondern stürmte unter dem erstaunten Blick der älteren Lady die Treppe nach oben. Und ich sah schon, bevor ich die letzten Stufen erklommen hatte, dass meine Wohnungstür offen stand.

Als ich davor stand, konnte ich sehen, dass das Schloss aufgebrochen worden war, weshalb die Tür sich nun nicht mehr richtig schließen ließ. Mein Magen krampfte sich so stark zusammen, dass ich mich vor Schmerzen krümmte und mich kurz die Wand lehnen musste. Doch für so was war jetzt einfach keine Zeit. Immer noch außer Atem, betrat ich den Wohnungsflur. »Hallo?«, rief ich. Doch es rührte sich nichts. Ich blickte mich um und konnte im ersten Moment keine verräterischen Spuren erkennen. Ein kurzer Blick ins Wohnzimmer zeigte mir, dass dort alles an seinem Platz war. Also lief ich weiter den Flur entlang und steuerte auf die geschlossene Schlafzimmertür zu. Ich hielt die Luft an, als ich mit zitternden Fingern die Klinke herunterdrückte. Doch auf den ersten Blick war auch hier alles wie immer. Bis ich bemerkte, dass in der Holzvertäfelung der Wand ein rechteckiges Loch klaffte.

Sofort stürzte ich darauf zu und schob meine Hand in das kleine Fach, doch es war natürlich vergeblich. Falls sich darin etwas befunden hatte, hatten der oder die Einbrecher es mitgenommen. Und sie hatten offensichtlich genau gewusst, wonach sie suchten. Ich lehnte mich an die

Wand und ließ widerstandslos zu, wie meine Beine wegknickten, weil die jetzt offenbar auch keine Lust mehr auf diese ganze Scheiße hatten. Wie ein nasser Sack sank ich zu Boden und blieb erst einmal regungslos sitzen. Das Einzige, was sich bewegte, waren die Tränen, die mir über die Wangen rannen.

Bis vor ein paar Minuten war ich noch so hoffnungsvoll gewesen, dass ich in Papas Geheimfach irgendwas finden würde, womit wir Messina würden drankriegen können. Doch jetzt fühlte ich mich einfach nur leer. Weil dieses widerliche Arschloch einmal mehr bewiesen hatte, dass er uns immer einen Schritt voraus war. Und diese Erkenntnis tat mehr weh als alles, was ich jemals gespürt hatte.

»Hallo?«, hörte ich plötzlich eine Stimme durch den Flur meiner Wohnung rufen.

Erschrocken sprang ich auf. »Moment«, rief ich und wischte mir schnell meine Tränen aus dem Gesicht. Ich räusperte mich, dann griff ich zur Sicherheit zu dem langen, schweren Schuhlöffel aus Metall, den mein Vater neben die Schlafzimmertür gelehnt hatte. Ich trat damit zurück in den Flur, und weil ich dort niemanden sah, lief ich zurück bis zur immer noch offen stehenden Wohnungstür. Dort stand Jeff und sah mich mit rotgeweinten Augen an.

»Klaus hatte einen Autounfall«, sagte er tonlos. »Auf dem Rückweg aus Straßburg.« Plötzlich fiel er mir so heftig in die Arme, dass ich drei Schritte rückwärts machen musste, damit wir nicht beide umkippten. Ich hielt ihn fest, während Jeff hemmungslos in meine Schulter schluchzte. »Die haben ihn umgebracht, Max. Klaus Willmann ist tot.«

Showdown in Fesseln

Als es eine halbe Stunde später an meine Wohnungstür klopfte, standen Jeffrey und ich vom Küchentisch auf, wo wir gesessen und schweigend extrastarken Kaffee getrunken hatten. Eigentlich wäre es uns beiden mehr nach noch viel stärkerem Alkohol gewesen, doch wir wussten, dass wir für das, was noch vor uns lag, besser bei klarem Verstand bleiben sollten.

Wir liefen in den Flur und ich fragte: »Wer ist da?«

»Ich bin's, Antoine«, kam die Antwort.

Also hoben Jeff und ich mit vereinten Kräften die schwere Kommode hoch, die wir zur Sicherheit vor die nicht mehr schließende Wohnungstür geschoben hatten. Die schwang darauf wie von Geisterhand auf und wir blickten in Antoines Gesicht, das ebenfalls ganz rot war vor Trauer und vor Zorn.

»Ich habe es erst durch deinen Anruf erfahren, aber inzwischen läuft es überall in den Nachrichten«, sagte er leise zu mir, bevor er sich Jeff zuwandte. »Solltest du nicht im Büro sein und dich um alles kümmern?«

»Sollte ich schon«, gab der zurück, »aber das hier ist wichtiger. Und jetzt komm endlich rein.«

»Okay«, sagte mein Bruder und trat in den Flur.

Wieder schoben wir die Kommode vor die Tür und gingen zurück in die Küche, wo ich uns allen frischen Kaffee einschenkte.

»Also«, sagte Antoine, nachdem er einen großen Schluck der kochend heißen Flüssigkeit zu sich genommen hatte. »Wir sind uns einig, dass das kein Zufall gewesen sein kann, richtig?« Jeffrey und ich nickten bitter. »Ich hab schon die Kameras gecheckt, die ich im Aufenthaltsraum der beiden Wichsköpfe versteckt habe, die die Drecksarbeit für Messina machen.«

Mein Blick fiel unweigerlich durch die geöffnete Küchentür auf die Couch im Wohnzimmer. Beim Gedanken, dass ich es dort mit den mutmaßlichen Mördern von Papa und Klaus Willmann getrieben hatte, kam mir fast das Kotzen.

»Und?«, fragte Jeff ungeduldig.

»Sie waren heute den ganzen Tag nicht dort«, gab Antoine zurück, »so viel ist sicher. Nur, ob sie Klaus nach Straßburg hinterhergefahren sind, oder ob sie vielleicht was ganz anderes gemacht haben, kann ich natürlich nicht nachprüfen.«

»Messina muss sich wirklich bedrängt gefühlt haben, wenn er zu so einem Mittel greift«, sagte ich. »Ich meine, der zweite Parlamentspräsident innerhalb von sechs Monaten, der bei einem Autounfall stirbt. Das muss doch auf jeden verdächtig wirken!«

»Verdächtig vielleicht schon«, sagte Jeff. »Aber du darfst nicht vergessen, dass wir drei die einzigen Verbliebenen sind, die darin eine Verbindung zu Messina sehen. Und er wird es sicher auch dieses Mal wieder so angestellt haben, dass man am Auto nicht die geringste Spur findet. Also wird bis auf ein allgemeines seltsames Gefühl nichts übrig bleiben von dieser Sache. Und schon gar nichts, was auf ihn hinweist.«

»Es wird tatsächlich nichts übrig bleiben«, merkte ich bitter an. »Weil er sich heute Nachmittag noch das allerletzte bisschen Material unter den Nagel gerissen hat, das ihm noch hätte gefährlich werden können.« Die beiden sahen mich fragend an, also sagte ich: »Kommt mit.«

Die halbe Stunde, die ich vor Antoines Ankunft mit Jeff allein gewesen war, hatten wir so gut wie nicht gesprochen. Ich hatte ihm Zeit gelassen, irgendwie mit dem Schock umzugehen, und wollte ihn nicht auch noch mit dem ausgeräumten Geheimfach in meiner Wohnung belasten. Doch jetzt musste ich es den beiden erzählen. Also führte ich sie ins Schlafzimmer, machte das Licht an und zeigte auf das Loch in der Wand.

»Wusstest du, dass es hier ein Versteck gab?«, fragte ich Antoine, doch der schüttelte den Kopf. Dann machte er sich direkt daran, den Mechanismus zu untersuchen.

»Deshalb also der Einbruch«, murmelte Jeff, und ich nickte. »Hast du die Polizei gerufen?«, fragte er.

»Hab es selbst erst entdeckt, zwei Minuten bevor du hier aufgekreuzt bist. Und was sollen die schon machen? Fingerabdrücke werden sie sicher keine finden.«

»Niemals«, bestätigte Antoine. »Dafür sind Messinas Leute viel zu schlau.«

»Und weißt du, was drin war?«, fragte Jeff.

»Nicht genau«, sagte ich. »Vielleicht war auch einfach gar nichts drin.« Die Sache mit dem Vaterschaftstest behielt ich lieber für mich, weil ich nicht sicher war, ob Antoine wusste, dass Papa vor Jahren mal einen hatte machen lassen. Das war jetzt aber auch nicht wichtig.

»Und falls doch, was wäre das dann gewesen?«, fragte Jeff und machte eine ungeduldige Handbewegung, weil er merkte, dass ich noch mehr wusste.

Also setzte ich mich aufs Bett und erzählte dann erst noch einmal in Kurzform, was ich am Morgen in Messinas Auto erlebt hatte, damit Antoine auch auf dem aktuellen Stand war. Danach berichtete ich beiden, was Klaus Willmann mir erzählt hatte, nachdem Jeff uns alleine gelassen hatte.

»Das heißt, wenn, also falls, Papa einen Beweis gegen Messina gefunden hat, war der die ganze Zeit dort drin«, schloss ich meine Zusammenfassung dieses Tages. »Aber jetzt ist er weg. Und ich bin mir ziemlich sicher, dass wir ihn nie wieder zurückbekommen werden.«

»Aber woher wusste Messina von dem Versteck?«, fragte Antoine, der sich inzwischen genau wie Jeff auf die Sitzbank am Fußende des Bettes gesetzt hatte.

»Keine Ahnung«, sagte ich. »Er muss es irgendwie erfahren haben.«

»Ausgerechnet an dem Tag, als Willmann dir davon erzählt hat?«, fragte Antoine. »Da kann was nicht stimmen.«

Natürlich kann da was nicht stimmen, hätte ich am liebsten giftig zurückgegeben. Doch wenn wir uns jetzt streiten würden, wäre absolut nichts gewonnen. Also sagte ich einfach gar nichts, sondern ließ mich auf dem Bett nach hinten kippen und schloss für einen Moment die Augen.

»Wo ist dein Rucksack?«, fragte Antoine plötzlich.

»Was?«

»Dein Rucksack!«, wiederholte er ungeduldig. »Der, den du heute dabei hattest, in Messinas Auto und in Willmanns Büro.«

»Draußen im Flur«, sagte ich. »Wieso?«

Plötzlich wirkte Antoine gar nicht mehr kraftlos, sondern er sprang von der Sitzbank auf und lief aus dem Zimmer. Ich blickte zu Jeff, weil ich gerne einen fragenden Blick mit ihm ausgetauscht hätte, doch der wirkte komplett in sich gekehrt und hatte wahrscheinlich gar nicht mitbekommen, worüber mein Bruder und ich gerade gesprochen hatten.

Antoine kehrte mit meinem Rucksack zurück. Ich wollte ihn gerade fragen, was er damit vorhatte, doch er legte sich schnell einen Finger an die Lippen und brachte mich damit zum Schweigen. Dann kippte er den Inhalt des großen Hauptfaches auf dem Bett aus. Ein Haufen Stifte, die *Frankfurter Allgemeine*, ein Schreibblock, meine Kopfhörer, eine halbleere Wasserflasche, Kaugummis und eine angematschte Banane fielen heraus, was jetzt auch Jeffrey wieder zu interessieren schien. Antoine schaute in den Rucksack, um sicherzugehen, dass der auch wirklich leer war. Dann prüfte er sämtliche Seitenfächer und warf das Ding schließlich achtlos hinter sich.

»Was …?«, fragte Jeffrey, doch auch er sprach nicht weiter, nachdem Antoine ihm einen sehr bösen Blick zugeworfen hatte.

Mein Bruder beugte sich über das Zeug aus meiner Tasche und nahm jedes einzelne der Stücke in die Hand, um es sich gründlich anzusehen. Einen pinken Textmarker hielt er schließlich länger in der Hand als die anderen Sachen davor, und er schien den Stift in seiner Hand zu wiegen, als ob ihm an dessen Gewicht irgendwas komisch vorkam. Als ich mich gerade fragte, ob ich diesen Marker überhaupt schon einmal gesehen hatte, kramte er einen kleinen Magneten aus den unerschöpflichen Taschen seiner Cargohose und hielt den an den Stift. Er blieb an ihm haften.

Normale Textmarker sind nicht magnetisch, dachte ich unwillkürlich, und im selben Moment wurde mir klar, was das zu bedeuten hatte. Messinas Bodyguard hatte mir eine Wanze untergejubelt, als er meinen Rucksack durchsucht hatte. Und die hatte ich in Willmanns Büro getragen und damit seinen Tod besiegelt.

Nach diesem Tag hätte ich nicht gedacht, dass ich mich noch elender fühlen könnte. Doch nun tat ich es. Schon wieder schossen mir Tränen in die Augen, und mein Körper wurde mit einem Mal so bleischwer, dass ich mir sicher war, mich nie wieder bewegen zu können.

Doch mein Bruder kannte keine Gnade. »Mir ist das alles zu viel«, sagte er laut, nachdem er den falschen Textmarker vorsichtig wieder auf die Matratze gelegt hatte. »Ich brauche frische Luft. Wer kommt mit nach draußen?«

Immerhin war ich noch so klar bei Verstand, dass ich kapierte, worum es ihm eigentlich ging. Also mobilisierte ich meine letzten Kräfte und zwang mich, vom Bett aufzustehen.

»Ich komme mit«, sagte Jeff. »Muss dann eh weiter ins Parlament. Ich will gar nicht wissen, was da gerade los ist.«

Wieder schoben wir also die schwere Kommode von der

Wohnungstür weg, und ich schnappte mir mein Portemonnaie und machte die Lichter aus. Die Wohnung mit weit offen stehender Tür unbewacht zurückzulassen, sorgte zum zwanzigsten Mal an diesem Tag für ein ziemlich ungutes Gefühl bei mir. Doch Messinas Schergen hatten sich eh schon geholt, was sie brauchten. Und ein hundsgewöhnlicher Einbrecher konnte meinen Abend jetzt auch nicht mehr schlimmer machen, als er ohnehin schon war. Also war das im Prinzip auch egal.

Schweigend liefen wir die Treppe runter und schauten alle drei unwillkürlich nach links und nach rechts, als wir aus der relativen Kühle der Eingangshalle auf die Straße traten. Denn auch, wenn es keiner von uns dreien so direkt ausgesprochen hatte, wussten wir doch tief im Inneren, dass Messina mindestens Jeff und mich auf dem Zettel hatte. Antoine hatte vielleicht noch Glück, weil immerhin die Möglichkeit bestand, dass der Kommissionspräsident tatsächlich nichts von der Existenz von Klaus Willmanns zweitem Sohn wusste. Doch Jeff und ich waren ihm wohlbekannt. Obwohl wir augenscheinlich nichts Konkretes gegen ihn in der Hand hatten, musste er uns beide als Risiko betrachten. Und nach allem, was ich bisher über Messina wusste, mochte er Risiken überhaupt nicht gerne.

»Gut möglich, dass sie bei ihrem Besuch heute Nachmittag auch direkt ein paar Wanzen dagelassen haben«, sagte Antoine, nachdem wir in ungefähr hundert Metern Entfernung zum Haus unter einer großen Kastanie zum Stehen gekommen waren. »Da drinnen solltest du dich also über nichts Privates mehr unterhalten.«

Auch wenn es kaum mehr möglich war, wuchs mein Hass auf diesen Mann noch weiter an. Es hatte mir also nicht nur meinen Vater und heute Abend einen meiner wichtigsten Verbündeten, sondern nun im Prinzip auch noch mein Zuhause genommen. Und zumindest bei den letzten beiden Dingen traf die Schuld daran auch mich.

»Ich war so dämlich«, sagte ich voller Bitterkeit. »Dass ich auf die Wanze nicht selbst gekommen bin!«

»Mach dir keine Vorwürfe«, erwiderte Jeffrey matt. »Du hast uns ja erzählt, dass sie deine Tasche gefilzt haben. Aber Klaus und ich sind auch nicht auf die Idee gekommen.«

»Das ist jetzt auch egal«, warf Antoine ein. »Wir können es eh nicht mehr ändern. Die Frage ist vielmehr, was wir nun tun sollen.«

»Du meinst, außer uns nach Mexiko abzusetzen und zu hoffen, dass er uns dort nicht finden wird?«, fragte ich.

Antoine überlegte eine Weile, und ich dachte schon, er würde diesen Gedanken ernsthaft in Erwägung ziehen. Doch dann sah er uns beide an und sagte: »Aber was ist, wenn wir wollen, dass er uns findet?«

Als Primiano die Wohnungstür öffnete, hatte er ein verführerisches Lächeln auf den vollen Lippen, das allerdings sofort erstarb, als er sah, wer da vor ihm stand.

»Hast wohl jemand anderen erwartet«, höhnte Jeffrey und stemmte sofort eine seiner Pranken gegen die Tür, falls Mia auf die Idee kommen sollte, die einfach vor unserer Nase zuzuschlagen.

»Hey, ich hab mit einem echt scharfen Typen geschrieben, der gleich vorbeikommen will«, rief der empört, als sich erst Antoine und dann Jeff und ich an ihm vorbei in die noch immer beeindruckende Eingangshalle seiner Wohnung drängten.

»Hast du keine Nachrichten geschaut?«, fragte ich. »Ein ziemlich unpassender Abend, um sich von einem Fremden in den siebten Himmel bumsen zu lassen, findest du nicht?«

»Ja, ja, echt tragische Geschichte«, gab Mia zurück. »Aber hey, das Leben geht weiter. Ich bin nicht tot, okay?«

»Zumindest noch nicht«, knurrte Jeffrey und sah ihn dabei so wütend an, dass selbst Mia einsah, dass er zur Abwechslung vielleicht einfach mal die Klappe halten sollte.

»Hinsetzen!«, befahl ich ihm. Inzwischen hatten wir ihn vor uns her ins Wohnzimmer geschoben und ich zeigte nun auf die halbrunde cremefarbene Couch, die wahrscheinlich acht Meter lang war und prominent in der Mitte des Raumes stand. »Und Klappe halten, bis du was gefragt wirst. Verstanden?«

Mia nickte dienstbeflissen und setzte sich. Jeff musste gesehen haben, wie der kleine Scheißer unauffällig sein Handy aus der Tasche ziehen wollte, denn er verpasste ihm ohne Vorwarnung eine schallende Ohrfeige, worauf der aufschluchzte und danach widerstandslos zuließ, dass Jeffrey ihm in die Hosentasche seiner weißen Slimfit Jeans griff und sein iPhone herauszog. Er trug es zum Tisch und versenkte es im bereitstehenden Sektkübel.

»Ist die neueste Generation, du Hirni!«, schimpfte Mia, während er sich die rot angelaufene Wange hielt. »Wasserdicht.«

Jeffrey zuckte mit den Schultern, holte das tropfnasse

Ding wieder aus dem Kübel und warf es in der gleichen Bewegung zu einem der geöffneten Fenster raus.

»Hey!!«, kreischte Mia laut auf. Der Verlust seines Handys schien ihn deutlich mehr zu schmerzen als Jeffs Backpfeife.

»Haltet endlich die Klappe!«, zischte Antoine, der mit dem komischen Gerät in der Hand durchs Zimmer lief, das wir auf dem Weg zu Mia noch schnell aus seiner Wohnung geholt hatten, und von dem er behauptete, das sei ein selbst konstruierter Wanzen-Detektor.

Das muss er von seiner Mutter geerbt haben, dachte ich, während ich ihm dabei zusah, wie er konzentriert und systematisch den Raum abschritt. Den unser Vater hatte schon Schwierigkeiten damit gehabt, ein Update auf sein Smartphone zu spielen, und ich war ebenfalls nicht gerade mit übergroßem technischen Verstand gesegnet.

»Der Raum ist sauber«, sagte er nach einer Weile. »Hier könnt ihr reden, solange die Türen zu sind. Ich checke noch den Flur und das Bad. Mehr sollten wir ja nicht brauchen.«

»Ist gut«, sagte ich. »Danke.«

Antoine nickte mir zu, dann verließ er das Zimmer und schloss die Tür hinter sich.

»Verrät mir mal einer, was das hier werden soll?«, fragte Primiano nun, wofür er sich direkt die nächste Backpfeife von Jeff einfing.

»Hat dich einer was gefragt?«, schnauzte der ihn an, worauf Primiano hastig den Kopf schüttelte und ein bisschen zu zittern anfing. *Gut so*, dachte ich. Trotzdem fühlte ich mich leider verpflichtet, meinen muskulösen Briten etwas zu zügeln.

»Ich weiß, dass es schwer ist«, sagte ich mit einem bösen Blick auf den kleinen Verräter vor mir auf der Couch, »aber du solltest ihn nicht zu stark zurichten, wenn unser Plan funktionieren soll.«

»Du hast recht«, erwiderte Jeff. »Es fällt schwer.«

»Was denn für ein …«, blökte Mia dazwischen, doch ein Blick von Jeff brachte ihn sofort zum Verstummen.

»Okay, jetzt hör mal zu«, sagte ich, während ich einen Stuhl vom Esstisch heranzog und mich Mia damit gegenübersetzte. »Wir wissen, dass du mit Messina unter einer Decke steckst.«

»War das eine Frage?«, gab Mia zurück und schielte dabei ängstlich zu Jeff.

»Nicht direkt«, erwiderte ich. »Aber du darfst sprechen.«

»Ich hab mit dem nichts zu schaffen!«, rief Mia direkt darauf empört.

»Sprechen!«, mahnte Jeff in sehr feindseligem Ton. »Nicht kreischen.«

»Ich hab mit dem nichts zu schaffen!«, wiederholte er darauf in halber Lautstärke. »Nicht freiwillig zumindest. Das müsst ihr mir glauben!«

»Also erpresst er dich?«, fragte ich, worauf Mia schluchzend nickte.

»Und womit?«, fragte Jeff ungeduldig.

Mias Stimme bebte, als er weitersprach: »Er hat gedroht, meiner Mutter zu sagen, dass ich schwul bin.«

»Moment mal«, rief Jeff ungläubig. »Deine Mutter hat noch nicht gemerkt, dass du schwul bist?« Mia sagte nichts, doch er schüttelte schniefend den Kopf. »Also, entschuldige«, fuhr Jeffrey fassungslos fort, »aber jemand, der blind und taub ist, wüsste nach zwei Minuten in einem Zimmer mit dir, dass du …«

»Jeff«, unterbrach ich ihn sanft. »Nicht hilfreich, okay?«

»Ich meine ja nur«, maulte der, sagte danach aber nichts mehr.

»Vielleicht ahnt sie was, okay?«, wimmerte Mia leise vor sich hin. »Aber sie ist die beste Freundin von Messinas Frau. Und wenn der es ihr sagen würde, dann könnte sie … dann würde sie …« Jetzt schluchzte er so heftig, dass er nicht mehr weitersprechen konnte, und plötzlich tat er mir schon fast wieder leid.

Antoine kam zurück ins Wohnzimmer. »Ist alles sauber«, sagte er. Er sah Jeff und mich um den weinenden Mia herumsitzen und machte plötzlich ein erschrockenes Gesicht: »Was habt ihr ihm angetan?«, wollte er wissen.

»Wir gar nichts«, gab Jeff zurück. »Im Gegensatz zu Mutter Natur.«

Ich wollte ihm gerade sagen, dass er sich mit seinen gehässigen Kommentaren zurückhalten sollte, doch in diesem Moment klingelte es an der Tür. Alle Blicke richteten sich auf Mia, doch der guckte schon wieder angriffslustig und sagte: »Mein Stecher ist da. Hab euch doch gesagt, dass gleich noch einer kommt. Und wehe, ihr versaut mir das! Der ist rattenscharf!«

Jeffrey ging zum Fenster rüber und schaute vorsichtig nach unten. »Da steht nur einer«, sagte er dann zu uns. »Definitiv kein Killer. Aber ja, der ist scharf.«

Antoine lief zurück in den Flur hinaus, drückte auf das Mikro der Sprechanlage und sagte: »Fahr wieder nach Hause! Ich hab Dünnschiss.«

Erneut heulte Mia laut auf, und dieses Mal klang er sogar noch verzweifelter als während des Gesprächs über seine Mutter.

»Na, großartig!«, murmelte Jeff und verdrehte die Augen.

»Du musst jetzt ganz stark sein, okay?«, sagte ich zu Mia. »Und ich verspreche dir, wenn du uns hilfst und alles gut ausgeht, fickt dich nachher einer von uns dreien, okay?«

»Nur einer?«, fragte Mia und zog sich hörbar etwas Rotz die Nase hoch.

»Das darf doch nicht wahr sein!«, schimpfte Jeff und holte zu einer weiteren Ohrfeige aus, doch ich warf mich dazwischen und schaffte es mit Mühe und Not, seinen baumstammdicken Arm abzufangen, bevor er Mia auf die immer noch feuerrote Wange traf.

»Schluss jetzt!«, rief ich. »Alle beide. Wir haben nicht ewig Zeit.« Ich guckte streng, bis ich mir einigermaßen sicher war, dass Jeff sich beruhigt hatte. Dann ließ ich seinen Arm los und sagte: »Du fährst am besten ins Parlament. Die warten da sicher schon auf dich, und hier kannst du eh nichts mehr tun.«

»Bist du sicher?«, fragte er und ich nickte. »Okay.« Er machte vorsichtig einen Schritt auf mich zu, weil er mir wahrscheinlich keine Angst einjagen wollte. Doch das tat er nicht. Ich umarmte ihn und gab ihm einen Kuss auf den Hals. »Ich melde mich, wenn alles vorbei ist«, sagte ich. »Sag Bescheid, wenn du im Büro angekommen bist, okay?«

Er nickte, dann warf er Mia einen letzten verächtlichen Blick zu uns klopfte Antoine im Vorbeigehen auf die Schulter. Ich wartete, bis er die Wohnungstür hinter sich geschlossen hatte, dann begann ich, mich auszuziehen.

»Was ist denn jetzt los?«, fragte Mia, der verwirrt aber plötzlich gar nicht mehr so niedergeschlagen wirkte.

»Ich sagte doch, dass du uns helfen musst«, erwiderte ich und streifte mir die Unterhose herunter, worauf Antoine etwas verschämt den Blick senkte. Dann setzte ich mich auf den Stuhl, den ich zuvor vom Esstisch ins Wohnzimmer getragen hatte. »Hast du was gefunden?«, fragte ich meinen Bruder, worauf der ein paar japanische Fesselseile aus dem Flur holte. »Badezimmerschrank«, sagte er.

»Sehr gut«, erwiderte ich. »Dann mal los.« Ich nickte Mia zu. »Fessel mich an den Stuhl. Aber richtig.«

»Oh! Na klar, ich meine, ihr kennt mich doch. Ich helfe, wo ich kann«, flötete der und machte sich direkt an die Arbeit.

»Freu dich nicht zu früh«, entgegnete Antoine. Er nahm das Festnetztelefon aus der Station und streckte es Mia entgegen. »Der schwierige Teil kommt noch.«

Antoine hatte gewartet, bis Primiano nach einigem Gezeter den Anruf erledigt hatte. Dann hatte er die letzten Vorbereitungen getroffen, während Mia mich profimäßig an Händen und Füßen an den Stuhl gebunden hatte. »Ich kann noch so eine Schlinge um deinen Schwanz und deine Eier knoten und die mit deinen Fußknöcheln verbinden«, hatte er noch vorgeschlagen. »Sieht schön aus.«

»Ich denke, so reicht es«, hatte ich geantwortet und einen unruhigen Blick mit meinem Bruder ausgetauscht.

»Ich warte auf dem Dachboden«, hatte Antoine gesagt, um mich zu beruhigen. »Ich bin also nicht weit. Aber ich muss aus der Wohnung raus, weil sie die bestimmt durchsuchen.«

»Ist schon klar«, hatte ich geantwortet. »Drück mir einfach die Daumen.«

Antoine hatte sein Zeug gepackt, nicht ohne Mia noch einmal einzuschärfen, dass er innerhalb von zehn Sekunden zurücksein könnte, um ihm seinen kleinen Tuntenarsch aufzureißen, falls er auf irgendwelche dummen Gedanken kommen sollte. Dann hatte er die Wohnung verlassen, und nun war ich mit Mia alleine. Ich war nackt an einen Stuhl gefesselt und wartete darauf, dass es klingelte und Matteo Messina die Szene betreten würde. Und es dauerte tatsächlich nicht lange.

»Wie wir es besprochen hatten«, beschwörte ich Mia mit gesenkter Stimme, worauf der ungewöhnlich ernst nickte und zu dem bereitstehenden Glas Schnaps griff. »Ich hoffe, ihr habt euch das gut überlegt«, flüsterte er, während er mir den Wodka einflößte.

»Haben wir nicht«, erwiderte ich hustend, nachdem ich kurz mit dem Gesöff gegurgelt hatte. »Dafür war die Zeit zu knapp. Und jetzt los, bevor er Verdacht schöpft.«

Mia nickte, dann stellte er das Glas auf den Couchtisch und lief zur Wohnungstür.

»Gut, dass Sie so schnell kommen konnten«, hörte ich ihn draußen devot säuseln. »Aber er hat gesagt, er würde es nur Ihnen persönlich sagen.«

»Ist schon gut, meine liebe kleine Mia«, antwortete Messina sanft. »Du hast alles richtig gemacht.«

Ich schloss die Augen und ließ meinen Kopf auf die Brust sinken, als ich ihre Schritte hörte.

»Ich glaube, er ist eingeschlafen«, hörte ich Mia sagen. Seine Stimme war jetzt deutlich näher als noch gerade eben. »Er hat auch echt ganz schön was gebechert. Den ganzen guten Wodka hab ich ihm gegeben.«

»Sehr großzügig von dir«, hörte ich Messina loben, »wenn auch eine bedauernswerte Verschwendung. Erinnere mich daran, dass ich dir die Flasche ersetze.«

»*Grazie, Signore*«, erwiderte Mia voller Demut.

»Ist sonst noch jemand in der Wohnung?«, fragte Messina und dem Klang nach zu urteilen war er mir inzwischen noch mal ein gutes Stück näher gekommen.

»Nein«, erwiderte Mia.

»Sehr gut. Stefano und Andrea werden sich nur schnell davon überzeugen.«

Keiner sprach, während in der nächsten halben Minute mehrere Türen geöffnet und geschlossen wurden.

»Alles klar, Boss«, rief es kurz darauf aus dem Flur ins Wohnzimmer.

»*Bellissimo!*«, freute sich Messina wie ein kleines Kind. »Seid so gut und wartet draußen auf mich. Du auch, kleine Mia. Ich rufe dich, sollte ich eines deiner Talente benötigen.«

»Natürlich, *Signore*«, antwortete Primiano.

Wieder waren Schritte und dann eine Tür zu hören. Danach herrschte Stille. Ich musste mich zwingen, mich weiter schlafend zu stellen, weil es mich wahninnig machte, Messinas Präsenz in meiner Nähe zu spüren, aber nicht zu wissen, was er gerade tat. Die gute Nachricht war allerdings, dass ich schon nach wenigen Sekunden endlich die Augen öffnen konnte, weil mich ein Schlag auf die nackte

Brust traf, der so hart war, dass er auch einen Toten aufgeweckt hätte.

»Wo bin ich?«, fragte ich lallend, nachdem ich keuchend den aus dem Schlaf Geschreckten gespielt hatte.

»Dort, wo du dich allem Anschein nach unbedingt hinbringen wolltest«, erwiderte Messina, der mit seinem Gürtel in der Hand direkt vor mir stand und mit einem maliziösen Lächeln zu mir herabschaute. »In der Hölle.«

»Wo ist …?«

»Mia? Keine Sorge, ihm geht es nach wie vor gut. Er wollte uns nur etwas Privatsphäre lassen.«

Ich versuchte, eine Hand zu heben, was wegen der Fesseln aber natürlich nicht ging. Also schaute ich ungläubig an mir herunter.

»Der schlaue Junge hat dich erst betrunken gemacht und dich dann gefesselt«, erläuterte Messina, um mir die Mühe zu ersparen, selbst fragen zu müssen. »Weil er dich nicht entwischen lassen wollte. Schließlich hast du wohl behauptet, du hättest eine sehr wichtige Botschaft für mich.«

Jetzt war es an mir, fies zu grinsen. »Kann schon sein«, erwiderte ich. »Doch ich glaube, ich hab sie leider vergessen. Ich meine aber, sie hätte irgendwas mit dem Tod meines Vaters zu tun.«

Messina holte aus und traf mich ein zweites Mal mit seinem Ledergürtel an der Brust. Ich keuchte vor Schmerz, doch ich wollte ihm nicht den Gefallen tun, mich schreien zu hören.

»Da, schau, was du angerichtet hast«, schnurrte der Kommissionspräsident und zeigte dabei sowohl auf die beiden dicken Striemen auf meinem Oberkörper als auch auf die sich deutlich abzeichnende Erektion in seiner maßgeschneiderten Leinenhose. »Was habt ihr ungezogenen Jungen nur an euch, das mich so wahnsinnig macht?«, fragte er, bevor er mir einen dritten Schlag verpasste und sich danach an meinem schmerzverzerrten Gesicht weidend die Beule knetete.

»Sie sind ein Perverser«, presste ich hervor.

»Stimmt«, gab er zurück und öffnete seinen Reißverschluss.

»Und ein Mörder«, fuhr ich fort.

»Notwehr ist kein Mord, Herr von Hammerschmidt«, belehrte er mich, während er seinen Steifen aus der Hose zog und langsam zu wichsen begann. Dann kam er meinem Gesicht mit seinem Teil gerade nah genug, dass ich nicht plötzlich mit dem Kopf nach vorne schnellen und ihm die Hälfte davon abbeißen konnte.

»Also haben Sie meinen Vater aus Notwehr umgebracht?«, fragte ich, weshalb Messina seinen Schwanz losließ, um mir mit beiden Händen den Gürtel um den Hals zu wickeln.

»Was wolltest du mir sagen?«, fragte er und begann, an den Enden des Leders zu ziehen, worauf es um meinen Hals sofort deutlich enger wurde.

»Bringen Sie mich um und Sie werden es nie erfahren«, keuchte ich.

»Oh, ich muss dich gar nicht umbringen. Ich kann einfach meine beiden Helfer hereinrufen, und die holen jede Antwort aus dir raus, die ich hören will. Ohne dass du dabei stirbst. Nicht zu schnell zumindest.« Er ließ von meinem Hals ab und griff sich dafür wieder an den

Schwanz. »Ein wahrer Jammer, dass du so bockig sein musst wie dein Vater. Du und ich, wir hätten sehr gut zusammenarbeiten können, auf ganz verschiedenen Ebenen.«

»Ich arbeite nicht mit dem Mann zusammen, der meinen Vater umgebracht hat«, spuckte ich bitter aus.

»Diese unbegründeten Vorwürfe beginnen mich zu langweilen«, erklärte Messina. »Und Langeweile ist Gift für meine Libido.« Jetzt griff er wieder nach den Enden des Gürtels um meinem Hals und zog erneut daran, dieses Mal aber noch viel heftiger. »Also spuck endlich aus, was du mir sagen wolltest, du kleine Nervensäge!«

»Ich habe Beweise!«, rief ich, als ich es gar nicht mehr aushielt, derart stark gewürgt zu werden.

Augenblicklich ließ der Druck auf meinen Hals nach.

»Was für Beweise?«, fragte Messina, dessen Ständer augenblicklich in sich zusammenfiel. Er schien mir also zu glauben. »Wofür?«

»Sie denken, mein Vater hätte nur das eine Geheimfach gehabt«, sagte ich und funkelte ihn böse an. »Aber wissen Sie was? Am anderen Ende der Wand war noch mal eins. Und dort war das wirklich interessante Zeug drin.«

»Was hast du gefunden?«, rief Messina, dessen Stimme nun fast schon ins Hysterische kippte.

»Wie gesagt: Beweise.«

»Wofür?«, kreischte er wie von Sinnen, während er wieder am Gürtel zu ziehen begann.

»Das erfahren Sie dann aus den Nachrichten«, presste ich mühsam hervor.

Er ließ das Leder wieder los, fuhr sich durch die mit Gel vollgeschlonzten Haare und ging dann ein paar Mal vor mir auf und ab. »Nein«, sagte er schließlich und kicherte irre. »Gar nichts hast du! Sonst wärst du direkt zur Polizei gegangen und hättest mich nicht hierhergelockt.«

»Vielleicht will ich ja gar nicht zur Polizei«, erwiderte ich. »Vielleicht bin ich ja bereit, Ihnen alles zu geben, was ich habe. Gegen einen gewissen Geldbetrag, der mir ein angenehmes Leben in Übersee ermöglicht.«

Jetzt sah Messina mich gespannt an. Geld für Gefallen, das war eine Sprache, die er verstand. »Wie viel?«, knurrte er.

»Zwei Millionen Bußgeld für die ganzen Bestechungen«, sagte ich. Ich schluckte. Dann holte ich Luft und fügte leise, aber deutlich hinzu: »Und fünf Millionen für den Tod meines Vaters.«

Messina überlegte. Dann verstaute er seinen erschlafften Schwanz in seinem Hosenladen und sagte: »Ich wusste, dass Sie vernünftig sind. Vernünftiger als Ihr Vater zumindest, was aber beileibe auch nicht schwer ist. Es hätte gar nicht so weit kommen müssen, wissen Sie. Wenn der alte Herr von Hammerschmidt genauso kooperativ gewesen wäre wie der Junior.«

»Hat es Ihnen leid getan?«, fragte ich, während mir eine einzelne Träne über die Wangen rang. Und die war das Erste an dieser Unterhaltung, das ich nicht spielte. Denn Matteo Messina hatte gerade den Mord an meinem Vater gestanden.

Er zuckte mit den Schultern. »Es hat mir keine Freude bereitet, wenn Ihnen das Erleichterung verschafft«, sagte er. »Es musste sein. Also habe ich es getan. Die Schuld liegt genauso sehr bei ihm wie bei mir.«

»Das würde ein Richter wohl anders sehen«, sagte ich.

»Die Beweise, Herr von Hammerschmidt. Wo sind Sie?«

»An einem sicheren Ort. Ich übergebe Sie Ihnen, sobald die sieben Millionen auf meinem Konto sind. Und dann mache ich die Biege.«

Endlich hörte ich Sirenen in der Ferne. Und ich hoffte inständig, dass die auf dem Weg zu uns waren.

»Wenn Sie mich hinters Licht führen, finde ich Sie und bringe Sie um, das ist Ihnen klar?«, sagte er und zog zur Untermauerung seiner Predigt noch ein letztes Mal am Gürtel um meinen Hals, bevor er ihn endlich abnahm und sich daranmachte, ihn wieder in seine Hose zu fädeln.

»Ich glaube, Sie bringen niemanden mehr um«, erwiderte ich, weil die Sirenen inzwischen so laut geworden waren, dass sie schon in die Straße von Mias Wohnung eingebogen sein mussten.

»Ach nein? Und warum nicht?«, fragte Messina, der immer noch nichts zu kapieren schien.

»Weil Sie innerhalb der nächsten zwei Minuten verhaftet werden«, erwiderte ich und nickte in Richtung des Smartphones, das Antoine so hinter zwei Büchern im Regal versteckt hatte, dass die Kamera freie Sicht auf die Mitte des Wohnzimmers hatte, wo Messina und ich uns aufhielten. »Der älteste Trick der Welt«, sagte ich. »Bin auch schon drauf reingefallen. Dieses Mal aber mit Live-Übertragung auf Facebook. Und mein Freund Jeffrey hat im Parlament dafür gesorgt, dass sämtliche Journalisten Brüssels zuschauen. Sagen Sie doch mal Hallo.«

Auf einmal wurde Messinas Kopf violett wie eine

Aubergine, doch ansonsten blieb er völlig ruhig. Ohne Eile griff er in seine Hosentasche und zog ein Taschenmesser mit Elfenbeingriff heraus, dass er mit Bedacht aufklappte. »Das war ein Fehler, Herr von Hammerschmidt«, sagte er leise, während er langsam damit auf mich zukam.

Bitte mach, dass er nicht recht behält!, sandte ich schnell ein gedankliches Stoßgebet in Richtung Himmel, und im gleichen Moment gab es einen ordentlichen Aufruhr im Treppenhaus, der dafür sorgte, dass Messina innehielt und sich umdrehte. Zwei Sekunden später flog die Wohnungstür auf und eine Handvoll schwer bewaffneter Polizisten stürmte herein. Sie schrien Messina an, dass er das Messer fallen lassen sollte, und weil der nicht schnell genug folgte, schoss einer von ihnen in Richtung Zimmerdecke. Der Knall war so laut, dass ich alles, was danach kam, nur noch wie eine Art Stummfilm wahrnahm, weil meine Ohren viel zu sehr klingelten, um noch irgendwas anderes zu hören. Es war der schönste Stummfilm der Welt.

Abschied aus Gomorra

Der Wecker klingelte viel zu früh, und obwohl Jeff ihn für sich gestellt hatte, war es mal wieder an mir, das blöde Ding auszumachen – und mich danach zu bemühen, meinen Freund wachzukriegen.

»Hmmm«, brummte der, als ich ihn sanft schüttelte. »Was ist los?«

»Aufstehen, Faulpelz!«, sagte ich mit gespielter Strenge. »Du musst zur Arbeit.«

»Schon wieder?«, fragte er missmutig, drehte sich zu mir, umklammerte mich fest, damit ich ihn nicht mehr schütteln konnte, und drückte mir dabei wie zufällig seine Morgenlatte gegen den Schenkel.

»Ja, schon wieder«, sagte ich. »Wie eigentlich jeden Morgen zwischen Montag und Freitag. Vielleicht gewöhnst du dich irgendwann daran.«

»Ist voll unfair, dass du liegen bleiben kannst«, murmelte er in meinen Nacken.

»Tja«, kommentierte ich ohne echtes Mitleid. »Hättest ja auch fristlos kündigen können. Aber du musstest ja einen auf Streber machen.«

Er brummte nur, und ich kannte ihn inzwischen gut genug, um zu wissen, dass er das immer tat, wenn ihm die

Argumente ausgegangen waren. Deshalb grinste ich nun und schmiegte mich an ihn.

In den vier Wochen seit Willmanns Tod und Messinas Verhaftung war viel passiert. Zuerst waren Jeffrey, Antoine und ich ungefähr drei Tage am Stück abwechselnd von der belgischen und der italienischen Polizei und zusätzlich noch von Interpol und sogar vom FBI befragt worden, weil Messina selbst in irgendwelchen krummen U.S.-Deals seine Finger gehabt hatte, wozu wir aber natürlich außer ein paar aufgeschnappten Gerüchten nichts beitragen konnten. Da wir drei uns im Großen und Ganzen nichts zuschulden hatten kommen lassen, hatten wir schon im Vorfeld vereinbart, so nah wie möglich bei der Wahrheit zu bleiben. Nur die Tatsache, dass Antoine illegalerweise den Aufenthaltsraum der beiden angeblichen Möbelpacker verwanzt hatte und dass er durch einen Handy-Hack auf mein Sex-Tape gestoßen war, ließen wir weg. Aber das änderte auch nichts am Lauf der Geschichte, weil ich durch Messinas Erpressungsversuch letztlich ja sowieso davon erfahren hatte. Natürlich hatte das Video schon nach wenigen Tagen seinen Weg auf die einschlägigen Internetseiten gefunden, und ich fragte mich immer noch, ob es Messina als kleinen Racheakt hatte durchstechen lassen, oder ob irgendein Sachbearbeiter bei der belgischen Polizei sich mit dem Verkauf der Datei den nächsten Urlaub hatte finanzieren wollen.

Im Prinzip war das aber auch egal, weshalb ich versuchte, mir nicht allzu viele Gedanken darüber zu machen. Überhaupt hatte die EU in diesem Fall endlich mal gezeigt, wozu man sie brauchen kann, und ihre brandneue Cyber-

Task Force damit beauftragt, das schmutzige Filmchen von allen gängigen Seiten zu löschen – was tatsächlich überraschend gut funktioniert hatte. Auf irgendwelchen abwegigen Pornowebsites war es natürlich trotzdem noch zu finden, aber ich versuchte mir einzureden, dass alle Leute, die sich die Mühe machten, es dort zu finden, selber Perverse waren, vor denen mir demzufolge auch nichts peinlich sein musste. Mit meiner Mutter war es die ersten Tage etwas schwierig gewesen, denn auch wenn sie es nicht aussprach, merkte ich ihr an, dass sie den Clip zumindest ausschnittweise gesehen hatte, was mir natürlich unfassbar peinlich war. Gott sei Dank lenkte sie bald die Erkenntnis ab, dass mein Vater noch einen zweiten Sohn in die Welt gesetzt hatte. Und zu meiner großen Überraschung steckte sie diese Nachricht deutlich besser weg, als alle befürchtet hatten. Sie kam direkt am nächsten Tag nach Brüssel geflogen und lud Antoine, dessen Mutter Cecile und mich zum Abendessen in ein verdammt schickes Restaurant ein, wo wir uns nach anfänglichem verlegenen Schweigen schon bald herzhaft lachend über die vielen Unzulänglichkeiten meines Vaters lustig machten. Doch nicht nur, weil man über Tote eigentlich nichts Schlechtes sagen soll, sondern auch, weil Konstantin von Hammerschmidt im Grunde seines Herzens ein guter Mensch gewesen war, der nicht zuletzt auch noch im Dienste einer gerechte Sache sein Leben gelassen hatte, hoben wir am Ende des Abends unsere Gläser, blickten melancholisch lächelnd zur Decke und stießen auf meinen und Antoines Vater an.

Mia hatte natürlich auch bei der Polizei aussagen müssen, schließlich hatte der Showdown ja im angemessenen

Rahmen seines feudalen Apartments stattgefunden. Auch er hatte im Großen und Ganzen die Wahrheit gesagt, was Messinas Anklage noch eine weitere versuchte Erpressung hinzufügte, die an der letztendlichen Strafzumessung zwar auch nicht mehr viel ändern würde, aber rein der Vollständigkeit halber nicht unter den Teppich gekehrt werden sollte. Da ich Mia den Posten als Klaus Willmanns persönlichem Praktikanten weggeschnappt hatte, konnte er sich mit meinem und Antoines Segen darauf berufen, Messinas Angebot sowieso ausgeschlagen zu haben, weshalb ihm keine Gefahr seitens der Strafverfolgungsbehörden drohte. Und weil er nicht wollte, dass sie aus der Zeitung davon erfuhr, rief er noch am Tag seiner Aussage bei seiner Mutter an, während ich neben ihm saß und seine Hand hielt. Er erzählte ihr unter Tränen, dass er sich zu Männern hingezogen fühlte, wie er es vornehm formulierte, worauf die gute Signora Filandri nur antwortete, dass sie das spätestens seit dem Zeitpunkt wusste, an dem sie vor vielen Jahren beim Aufräumen Gleitgelreste an einer seiner Barbiepuppen entdeckt hatte. Ich ließ darauf seine Hand los, räusperte mich und sah etwas betreten zu Boden.

Mir war schnell klar geworden, dass ich nicht länger in Brüssel bleiben wollte als unbedingt nötig. Und obwohl das dunkle Zentrum der Stadt nun zehn Kilometer außerhalb in einem staatlichen Gefängnis auf seinen Prozess wartete, war ich mir doch sicher, dass ich auch nie wieder zurückkehren wollte. Also hatte ich ein Maklerbüro beauftragt, einen Käufer für Papas Wohnung mitsamt der meisten Möbel darin zu finden, was deutlich schneller gelang, als ich gedacht hatte. Als ich an diesem Morgen neben Jeffrey in meinem Bett lag und versuchte, ihn zum Aufstehen und zum Arbeiten zu bewegen, gehörte das Bett streng genommen schon gar nicht mehr mir. Der neue Eigentümer der Wohnung hatte mir bereits eine erstaunlich große Summe überwiesen und mir freundlicherweise zugestanden, die Wohnung noch so lange zu nutzen, wie ich auf Bitten der Polizei in der Stadt bleiben sollte, um bei weiteren Fragen zur Verfügung zu stehen. Doch man hatte mich bereits wissen lassen, dass die Ermittlungen bald abgeschlossen sein würden und ich dann hingehen konnte, wohin auch immer ich wollte. Das Problem war nur, dass ich keine Ahnung hatte, wo das sein sollte.

»Übrigens, wie gefällt dir eigentlich Berlin?«, fragte Jeffrey mich, der sich endlich aus dem Bett gequält hatte und nun dabei war, seine Klamotten für den anstehenden Arbeitstag aus seiner Übernachtungstasche zu holen.

»Ähm, gut«, antwortete ich. »Wieso?«

»Schon mal überlegt, dort hinzuziehen?«, fragte er möglichst beiläufig, während er mich auffällig unauffällig aus dem Augenwinkel beobachtete.

»Bis vor einer Sekunde nicht, nein.«

»Und jetzt?«

Ich lächelte. »Was möchtest du mir sagen, Jeffrey Morgan?«

Endlich sah er mich an und der schüchterne Ausdruck in seinem Gesicht ließ meinen Magen kribbeln. »Na ja«, sagte er und räusperte sich. »Ich hab eigentlich auch keine Lust mehr auf Brüssel. Und nach dem Brexit wäre ich meinen Job wahrscheinlich so oder so los. Also hab ich ein paar Telefonate geführt, und ich könnte nächsten Monat in der Britischen Botschaft in Berlin anfangen, wenn ich möchte. Und wenn du das auch möchtest.« Ich antwortete nicht sofort, weshalb er nach ein paar Sekunden nervös fragte, ob alles in Ordnung wäre.

»Klar«, sagte ich. »Ich hab nur gerade überlegt, wo ich hier ein kleines Schiefertäfelchen gekauft kriege, mit dem ich dir Deutsch beibringen kann.«

An diesem Morgen lümmelte ich im Bett herum, bis Jeff endlich zur Arbeit aufgebrochen war, dann sprang ich auf und machte mich schnell fertig. Da es in den letzten Tagen endlich gewittert hatte und die Temperaturen auf erträgliche fünfundzwanzig Grad gesunken waren, zog ich mir einen frisch gereinigten Anzug an, den ich nicht nach einer halben Stunde schon wieder komplett durchgeschwitzt haben würde, und fuhr mit der Metro zur Europäischen Handelskammer, weil ich im Internet gelesen hatte, dass ein gewisser Sergej Wazerow dort an diesem Vormittag seine Pläne für ein Freihandelsabkommen zwischen der EU und Russland vorstellen würde – das eh nie zustande kommen würde, doch das war ja nicht mein Problem. Ich betrat das Gebäude, durchquerte die in dieser Stadt allgegenwärtigen Sicherheitsschleusen und stellte mich als Zaungast ins Foyer, wo ein kleines Podium aufgebaut worden war, auf dem Wazerow in sicherem Französisch die größtenteils kritischen Fragen der vielen Journalisten parierte. Doch ich hörte gar nicht zu, sondern wartete geduldig auf das Ende der Veranstaltung. Dann drängte ich mich möglichst unauffällig durch die Pressemeute, bis ich vorne am Podest angekommen war, wo ich nicht lange ausharren musste, bis der Russe mich entdeckte. Ich nickte ihm vielsagend zu und steuerte danach die Herrentoilette an, die glücklicherweise leer war. Ich lehnte mich mit verschränkten Armen an eines der Waschbecken und zählte innerlich von zehn runter. Bei vier betrat Wazerow den Raum.

»Ich hatte ja gesagt, dass wir uns wiedersehen«, sagte er und grinste machomäßig.

»Ein Muttermal in der Form der Ukraine«, gab ich ihm zur Antwort, »linkes Ei.«

»Ich verstehe nicht«, murmelte er mit einem verstörten Gesichtsausdruck, den er sicher nicht oft hervorzukramen brauchte.

»Sie haben ein Muttermal am linken Ei, in der Form der Ukraine«, wiederholte ich. »Und wenn der Clip, auf dem zu sehen ist, wie ich zu Ihnen ins Auto steige, jemals öffentlich wird, werde ich das jedem erzählen, der es nicht wissen will.« Sein Blick bekam zusätzlich zur Verstörtheit etwas Wütendes, aber damit hatte ich schon gerechnet. Und Angst machte es mir sowieso keine.

»Ich weiß, dass Sie wussten, dass wir gefilmt wurden an diesem Tag«, fuhr ich also ruhig fort. »Keine Ahnung, was Messina Ihnen dafür im Gegenzug versprochen hat, ist mir aber auch egal. Ich weiß auch, dass Sie kein Problem damit haben, wenn die ganze Welt erfährt, dass ich zu Ihnen ins Auto gestiegen bin, und sich dabei denkt, dass wir irgendeinen krummen Deal ausgehandelt haben. Ich hätte aber ein Problem damit. Deshalb werde ich, sollte das Video jemals publik werden, allen erzählen, dass ich Ihnen da drinnen einen geblasen habe, und zum Beweis werde ich besagtes Muttermal erwähnen. Weil ich weiß, dass Sie wiederum damit ein Problem hätten, und zwar ein großes. Weil sowohl Ihre Frau als auch Ihr Präsident das gar nicht witzig fänden.«

»Also?«, fragte Wazerow.

»Also sorgen Sie dafür, dass das Video verschwindet. Dann muss keiner von uns ein Problem haben.«

Zu meiner Überraschung mischte sich nun ein amüsiertes Lächeln in seinen Gesichtsausdruck.

»Abgemacht«, sagte er.

Ich nickte ihm zu und verließ die Toilette.

An meinem letzten Abend in Brüssel standen Antoine, Mia, Jeff und ich im Wohnzimmer meiner Wohnung, hielten Cocktails in der Hand und stießen darauf an, dass letztendlich jeder von uns heil aus dieser ganzen Sache herausgekommen war.

»Obwohl mir einer von euch einen Fick schuldet«, quengelte Mia, während wir anderen tranken. »Mindestens.«

»Das Bild hast du verkauft?«, fragte Antoine mit Blick auf die leere Stelle an der Wand, wo zuvor das abstrakte Gemälde vom Atomium gehangen hatte.

»Ich hab's verschenkt«, gab ich zurück.

»Oh«, machte mein Bruder und nahm schnell einen Schluck, um seine Enttäuschung zu verbergen.

»Komm mit«, sagte ich und nickte in Richtung Flur. Dort lehnte in großes flaches Ding an der Wand, das mehr schlecht als recht in Geschenkpapier eingeschlagen worden war.

»Dein Ernst?«, fragte Antoine, als er das sah.

»Mein Ernst«, gab ich zurück und lächelte.

»Gut für mich, dass du offensichtlich nicht weißt, wie viel das Teil wert ist«, grinste mein Bruder und knuffte mich in die Seite.

»Ich kann dir zumindest sagen, was auf jeden Fall noch viel mehr wert ist.« Wir sahen uns tief in die Augen, und nach einer Weile fragte ich: »Soll ich es aussprechen, oder ist das zu kitschig?«

»Es ist auf jeden Fall kitschig«, grinste er. »Aber sag's trotzdem.«

»Ernsthaft, Antoine. Ich hätte nicht gedacht, dass ich in dieser Stadt einen Bruder finden würde.«

»Und eine neue Liebe«, ergänzte Jeff, der mit Mia im Türrahmen aufgetaucht war.

»Und eine neue Liebe«, bestätigte ich.

»Und …«, Mia überlegte, »den schwanzhungrigen Sohn einer italienischen Edelnutte.«

»Na ja«, sagte ich. »um ehrlich zu sein, hätte ich damit von allem am ehesten gerechnet.«

Wir lachten. Dann stießen wir noch einmal an und drängten uns eng aneinander, um noch ein letztes Gruppen-Selfie von uns zu machen.

»Das hänge ich an meinen Kühlschrank in Berlin«, sagte ich.

»An unseren Kühlschrank«, korrigierte Jeff.

Ich lächelte und nickte. Und zum ersten Mal seit vielen Monaten freute ich mich auf meine Zukunft.